법 학 총 서

중국 반독점법(反垄断法)

－글로벌기업의 중국시장 진출과 M&A－

김 도 현 저

法 文 社

머 리 말

역사는 끊임없이 반복된다. 19세기말과 20세기 초에 걸쳐 서구 열강은 산업혁명을 거치면서 얻게 된 과학문명을 바탕으로 아시아를 차지하기 위해 각축을 벌였고 아시아의 맹주였던 중국은 아편전쟁을 통해 종이호랑이가 되었으며 결국 사회주의 체제로의 전환이라는 선택을 하고야 말았다. 그러나 20세기 후반 중국은 개혁·개방을 통해 사회주의 시장경제라는 새로운 패러다임을 도입하면서 화려하게 부활하였고, 21세기에 들어서면서 중국경제의 상승세는 절정에 달해 마침내 세계 최대의 외환보유국이자 세계 경제의 맹주인 미국을 위협하는 위치로까지 떠올랐다. 2009년 현재 범세계적 금융위기는 아직도 진행되고 있다. 이와 같은 위기속에서 세계 각국은 총칼 없는 전쟁, 즉 경제전쟁을 치르고 있으며 이는 100여년 전 서구 열강과 아시아가 벌였던 전쟁의 제2라운드라 불리고 있다. 역사는 반복되지만 결코 그 결과는 예측할 수 없다. 21세기의 경제전쟁에서 과연 누가 살아남을 수 있을 것이며 생존을 위해 세계 각국은 어떠한 전략과 전술을 사용할 것인가?

법률과 정책의 측면에서 바라볼 때 시장경제를 이끌어가는 큰 축 중 하나는 바로 경쟁법(Competition Law)이다. 경쟁법은 시장에서의 경쟁을 제고하여 독점의 폐해를 막는 동시에 기업의 창의와 혁신을 촉진하기 위한 법률로서 의의를 지니고 있으며, 다른 한편으로는 자국의 경제를 보호하는 수단으로 사용되기도

하기 때문이다. 중국 또한 시장경제체제를 도입한 후 경쟁법규의 완비에 대한 끊임없는 성찰을 해왔으며 그 결과 2008년 8월 1일자로 '반독점법'을 시행하게 되었다. 중국 반독점법 시행은 현재 글로벌 시장에서 중국의 위치를 고려할 때 단지 한 국가의 법률 시행으로만 보기 어려운 성격을 지닌다. 중국 반독점법은 시행 즉시 역외(域外)에서의 독점행위가 중국 시장에 영향을 미칠 경우 또한 동 법의 적용대상이 됨을 명문화하고 있으므로 한국에서 발생한 한국 기업들간의 합병이나 한국 시장에서 한국 기업의 상품가격 결정 등도 중국 시장에 반경쟁적 영향을 미칠 수 있는지에 대한 사전 검토가 필요하게 된 것이다.

이와 같은 이유로 인해 중국 반독점법 시행에 즈음하여 글로벌 기업들은 동 법의 시행이 기업에 미칠 수 있는 부정적 영향에 대해 상당한 우려를 표명하였으며 2009년 3월 중국 상무부가 첫 번째로 코카콜라사의 중국 음료업체인 훼이위앤 인수 사안에 대해 기업결합 금지 결정을 함으로써 그 우려는 현실로 다가왔고 글로벌 M&A시장에서 중국 반독점법은 뜨거운 감자가 되었다.

그러나 중국 반독점법의 시행이 외국 기업들에게 부정적인 영향만을 주는 것은 결코 아니다. 사회주의 계획경제체제를 상당 기간 유지해 온데 따른 부산물인 중국의 국유기업들은 시장지배적 지위를 지닌 채 여러 가지 특혜를 받아왔고, 성(省) 등의 지방정부에 의한 지방기업간 경쟁제한이나 기존 사업자 우대 등 다양한 진입장벽이 존재해 왔었기 때문에 반독점법의 시행으로 인해 오히려 중국 기업과 외국 기업간에 공정한 경쟁이 촉진될 수 있는 여건이 조성된 것이다. 이는 중국 정부가 시장경제의 확산을 위해 자국의 법과 제도를 글로벌 스탠다드에 부합시키려는 노력의 일환으로써 반독점법의 핵심적인 목적이라고 할 수 있다.

따라서 우리 나라 기업으로서는 중국 반독점법을 '규제'의 측면에서만 바라볼 것이 아니라 적극적인 '기회'로 받아들여야 한다. 반독점법을 명확히 이해하고 이를 적절히 활용할 수만 있다면 중국 시장에서 토착기업에 대한 특혜를 줄이고 중국 기업과 대등한 조건하에 경쟁하여 중국 내수시장에서의 위치를 공고히 할 수 있는 기회가 주어졌기 때문이다.

필자는 1998년 중국 북경화공대학에서 연수를 한 것으로 중국과 인연을 맺게 되었으며 2007년 검찰의 해외연수 프로그램에 따라 상해에 위치한 화동정법대학에서 1년간 연수를 하면서 다시 중국의 법률과 제도를 연구할 수 있는 기회를 가지게 되었다. 그 후 변호사로 전직하여 중국 법률과 관련된 일을 해오던 중 중국 반독점법의 중요성에도 불구하고 아직까지 우리 나라에 중국 반독점법을 소개한 자료가 부족함을 안타까워 하다가 차라리 필자가 직접 중국의 저서들을 비롯한 자료들을 수집하여 반독점법을 소개하는 책을 만들자고 결심하게 되었다. 그러나 원고를 써나가는 과정에서 필자의 경쟁법에 대한 이해가 부족함을 새삼 깨닫게 되었고 법률, 시행규정들을 중국어 원문 그대로 받아들이는 것과 이를 하나의 다른 언어로 표현해내는 것이 얼마나 힘든 작업인지 알게 되었다. 이 책을 쓰면서 가장 고민했던 점은 이 책을 읽을 독자층을 결정하는 것이었다. 학계 또는 공정거래법 실무가들을 대상으로 할 경우 중국 반독점법의 특성과 해외의 입법례가 중국 반독점법에 어떠한 영향을 미쳤는가에 집중하여야 할 것이나, 기업의 실무자를 대상으로 할 경우 경쟁법의 기본 개념 및 이에 따른 중국 반독점법의 내용을 이해시키는데 집중하여야 할 것이기 때문이다. 필자는 결국 절충안을 택하여 경쟁법에 대해 알지 못하는 기업의 실무자들을 독자로 상정하여 본서를 만들되 우리 나라의 공정거래 전문가들에게도 도움이 될 수 있도록 중국 상무부가 공고한 기업결합 금지 또는 조건부 승인 결정의 내용을 충실하게 소개하는 등 두 마리 토끼를 모두 잡아보려고 하였으나 원고가 완성되고 보니 두 마리 토끼를 모두 놓친 졸저가 된 것 같아 창피함을 숨길 수 없다. 그러나 부족한 본서가 중국 반독점법을 한국에 소개하는 하나의 매개체가 되어 기업 실무자나 법률 전문가들로 하여금 중국 반독점법에 대한 관심을 높이고 우리 나라 기업들이 중국 시장에서 '반독점법의 활용'이라는 하나의 무기를 가지게 되는 초석이 될 수만 있다면 그것만으로도 의미가 있을 것이라고 생각되어 출간을 결심하게 되었다.

본서가 출판되기까지 많은 분들의 도움과 배려가 있었다. 법문사의 배효선 사장님은 졸저의 출판을 허락해 주시었고, 최복현 전무님은 원고구성에 대한 아이디어를 제시해 주셨을 뿐만 아니라 편집작업에까지 직접 관여해 주시는 수고를 아끼지 않으셨고, 필자가 몸담은 법무법인 세종 가족들은 많은 관심과 더불어 날카로운 학문적 지적을 해 주셨다. 특히 필자가 변호사로 새로운 인생을 시작하도록 이끌어 준 김민경 변호사는 필자가 지치고 힘들 때마다 상담역을 자처하여 원기를 북돋아주었다. 이 자리를 빌어 모두에게 진심으로 감사드린다.

마지막으로 부족한 필자를 끊임없이 보듬어주고 본서를 출간할 용기를 내게 해 준 나의 사랑하는 가족, 그리고 작고하신 아버님께 감사의 뜻을 표한다.

2009년 5월

김 도 현

차 례

제 8 장 법률책임

부록 〈中韓對譯〉

중국 반독점법 / 사업자집중 신고규정 및 양식 / 사업자집중 금지 · 승인 사례 공고문 등

제1장

중국 반독점법의 제정

제1절 반독점법 제정의 배경

21세기도 어느덧 그 첫 10년의 마지막이 다가오고 있는 이 시점에 세계 각국에서 독점행위를 규제하고 시장에 존재하는 부당한 경쟁제한적 행위를 배제하여 시장의 공정한 경쟁을 보호하고 소비자의 이익과 사회의 공공이익을 수호하려는 움직임은 그 어느 때보다 더 강력하게 각국 정부의 의지에 의하여 뒷받침되고 있다. 이에 따라 세계 각국은 독점규제에 관련된 법률을 명문화시켜 독점행위를 규제하고 있으며, 뒤늦게 글로벌 시장에 뛰어든 중국 또한 이러한 독점행위 규제의 필요성을 서서히 깨닫게 되었다.

중국 내수시장은 지금으로서도 충분히 거대한 규모를 자랑하고 있으나 아직 도시화되지 않은 수억의 농촌 인구까지 고려한다면 향후 중국의 내수시장은 글로벌 기업으로서는 놓칠 수 없는 기회의 땅으로서의 의미를 지니고 있다. 그러한 점을 인지한 글로벌 기업들은 이미 중국에 적지 않은 투자를 하였으며 향후 숨

고르기를 거쳐 중국 내수시장 확보를 위한 행보를 지속할 것으로 보인다.

이와 같은 움직임 속에 외국 투자자들로부터 촉발된 기업 인수는 이제 '중국의 내자기업'들에게까지 확대되어 활발한 기업 인수 · 합병이 이루어지고 있으며 그 결과 공룡기업들이 속속 탄생될 예정이다.

과거 중국이 개방되기 전에는 국유기업이 중국 내수시장을 실질적으로 독과점하고 있었고 그에 따라 시장의 공정한 경쟁이 보호되기 어려운 구조였으나 국유기업이라는 특성상 이에 대한 규제는 미약한 수준이었다.

그러나 중국의 개혁 · 개방 정책에 따라 '사회주의 시장경제'라는 새로운 패러다임 하에 자본주의적 요소들이 속속 도입되었고 민간기업이 시장을 독과점할 수 있는 형태로 시장이 재편되는 움직임이 보이자 중국 정부에서도 독점행위에 대한 규제의 필요성을 절실히 느끼게 되었으며, 그 결과 장기간에 걸친 논의를 거쳐 독점을 규제하는 법률인 반독점법을 2007년 8월 30일 공포하여 2008년 8월 1일부터 시행하게 되었다.

중국 반독점법 법명의 원문은 '反垄断法'(반농단법)으로서, 여기에서 '垄断'이라 함은 독점을 포함한 '반경쟁행위' 전체를 통칭하는 개념이라고 이해하여야 할 것이다.

따라서 동 법의 명칭을 반독점법이라고 칭하는데 대하여 이론이 있을 수 있으나 반경쟁적 행위 중 일부를 후술하는 바와 같이 '반부정당경쟁법'으로 규율하고 있고 그 동안 한국에서 일반적으로 동법의 명칭에 대하여 '중국 반독점법'이라는 표현을 사용하여 왔으며 중국에서도 동 법의 영문명을 'Anti Monopoly Law'로 표현하고 있으므로 이해의 편의상 '반독점법'이라는 용어를 그대로 사용하기로 하였다. 그리고 이에 따라 용어상의 통일을 위해 본서에서는 한국의 강학상 시장지배적 지위 남용, 기업결합, 부당공동행위 등을 포괄하는 의미로 중국 반독점법에서 사용하고 있는 '농단행위'('垄断行为')를 '독점행위'로 표현하기로 하였다.

제2절 중국의 반경쟁법규[1)]

세계 각국에서 독점규제 등과 관련된 경쟁법규를 입법화하는 방식은 반독점법과 부정방지경쟁법을 하나의 법률로 체계화할 것인지, 아니면 각기 다른 법률로 체계화할 것인지에 따른 입법형식의 차이로 분별된다.

반독점법과 부정방지경쟁법은 모두 크게 보아 경쟁법의 범주에 들어가는 것으로 시장 경쟁의 질서를 보호하는데 그 목적이 있음은 같으나 나라에 따라 역사, 사회, 문화, 정치제도, 경제발전 상황 및 법률체계 등에서 차이가 있으므로 그 입법체계는 상이하기 때문이다.

Ⅰ. 반경쟁법규의 입법례

1. 분별입법

분별입법은 반독점법과 부정경쟁방지법을 별도의 법률로 규율하는 방식이다. 독일, 일본, 한국 등이 이와 같은 법제를 취하

1) 독점규제 및 부정경쟁방지와 관련된 법제의 체계를 아래와 같이 삼분하여 보는 방식은 현재 중국 학계의 일반적인 태도로서 이하에서는 중국 학계의 입장에서 살펴보기로 한다. 관련자료는 吴振国, 「中华人民共和国反垄断法」解读, 人民法院出版社, 2007 참조.

고 있으며, 이에도 우선 부정경쟁방지법을 제정하고 후에 반독점법을 제정하는 형태와 그 반대의 경우가 있다. 독일, 일본 등은 전자의 예이고, 우리 나라는 1980년에 독점규제및공정거래(이하에서는 '공정거래법'이라고 약칭한다)에관한법률을 제정한 후 1986년에 부정경쟁방지법을 제정하여 후자의 형태를 취하게 되었다.

위와 같은 분별입법 방식은 시장에서의 경쟁을 촉진하고, 시장의 정상적인 상태를 보호한다는 반독점법의 목적과 부정한 경쟁행위로 인해 손해를 입은 경쟁자와 소비자를 보호하여 시장질서의 정상적인 경쟁상태를 유지한다는 부정경쟁방지법의 목적의 차이에 따른 규율대상을 명확히 구분할 수 있다는 장점이 있다.

2. 합병입법

합병입법은 반독점법과 부정경쟁방지법을 하나의 법률로 규율하는 방식이다. 오스트리아, 러시아, 대만 등이 이러한 법제를 취하고 있다.

합병입법 방식을 취하고 있는 법제에서는 반독점법과 부정경쟁방지법 사이에는 시장 경쟁의 보호라는 의미에서 내재적 관련성이 있으므로 단일 법규에 따라 통일적으로 규율함이 더 효율적이고 특히 부정경쟁방지행위를 단순한 사후적인 민・형사적 구제조치에 의해 규율하는데 그치지 아니하고 행정기관에 의해 직접 규율할 수 있다는 장점이 있다고 보고 있다.[2]

3. 분산입법

분산입법은 독점규제와 부정경쟁방지에 관한 규칙들을 다른

2) 孙虹 主编, 「竞争法学」, 中国政法大学出版社, 2001.

단일 법규들에 삽입하여 규율하는 방식이다. 미국의 경우에는 셔먼법(Sheman Act), 연방거래위원회법(FTC Act), 그리고 클레이튼법(Clayton Act) 등 여러 개의 법률이 병존하고 있다.

분산입법 방식을 채택할 경우 판례를 통해서 반독점법의 내용과 실질을 정확히 이해하고 파악하는 체계를 취할 수밖에 없다고 이해되고 있다.[3)]

Ⅱ. 중국 반경쟁법규의 입법체계

중국은 분별입법 체계를 취하고 있다. 중국은 1993년 9월 2일 제8차 전국인민대표대회에서 '반부정당경쟁법'(中华人民共和国反不正当竞争法)을 통과시켰으며 제10차 전국인민대표대회에서 전술한 바와 같이 반독점법을 통과시켜 2008년 8월 1일부터 시행중이다.

제3절 중국 반독점법의 제정 과정

Ⅰ. 반독점 제정 전의 독점행위 규율

중국에 독점규제를 규율하는 전문적인 법규가 존재하지는 않았으나 독점을 규제하는 법규가 전혀 없었던 것은 아니며 여러 법률에 산재되어 있었다.

1978년의 개혁개방 전에는 엄격한 계획경제체제가 유지되었

3) 孙虹, 전게서, 31쪽 참조.

기 때문에 경쟁이란 것이 존재하지 않았으므로 독점을 규제하는 법규 자체가 존재하지 않았다. 개혁개방 정책이 시행된 후에도 1992년까지는 계획경제체제를 유지하면서 제한적으로 시장경쟁을 허용하였고 사실 이 때에도 지금과 같은 의미의 경쟁체제가 아니었기 때문에 독점규제의 필요성이 크게 논의되지는 않았으며 따라서 국무원이 공포한 〈사회주의 경쟁의 발전과 보호에 관한 임시규정〉(1980), 〈광고관리조례〉(1982), 〈가격관리조례〉(1987) 등 일부 규정만이 존재하였을 뿐이다.

Ⅱ. 반독점법의 입법과정

그러나 1992년 '사회주의 시장경제체제'를 전격 도입한 이후 시장에서 상당한 정도의 경쟁이 발생함에 따라 중국에서도 독점규제 관련법규의 입법 필요성이 대두되었다. 그 결과 중국 정부는 〈반부정당경쟁법〉(1993), 〈소비자권익보호법〉(1993), 〈가격법〉(1997), 〈시장경제활동중 실행지구 봉쇄에 관한 규정〉(2001), 〈시장경제질서 정돈 및 규범에 관한 규정〉(2001), 수정된 〈대외무역법〉(2004) 등의 제정을 통해 독점행위를 규제하게 되었으나 전문적으로 독점규제를 규율할 수 있는 단일 법규가 필요하다는데 각계의 의견이 모아졌으므로 1994년부터 〈반독점법〉을 법규화하는 기초 작업을 시작하였다.

중국은 1994년부터 한편으로는 위에서 열거한 법률들을 통해 부분적으로 독점협의에 대한 규제, 기업합병 통제, 지역봉쇄 등을 통한 독점 행위 규제 등을 규율하면서도, 한편으로 국가경무위와 국가공상총국이 반독점법의 제정을 위한 기초작업을 병행하였다. 그러나 2003년 제10차 전국인민대표대회에서 이와 같은 반독점규제행위의 직능을 상무부로 이전시키게 되어 이후에는 상무부에서 반독점법 기초작업을 진행하였다.

이와 같이 10여년에 걸친 기초 작업에 따른 결과로 상무부는 2004년 3월 반독점법 초고(草稿)를 국무원 심의에 올렸고 전국인민대표대회 재경위, 상위회 법공위, 최고인민법원, 발전개혁위원회, 상무부, 공상총국, 국무원발전연구센터, 중국사회과학원의 책임자들이 반독점법 심사 및 수정을 위한 소위원회를 결성하였다.

이후 반독점법 소위원회는 각 대학, 연구기관 등지에서 전문가를 초빙하여 반독점법 연구를 거쳐 〈반독점법(초안)〉을 만들었다.

반독점법 초안은 8장 57조로 구성되어 있으며 독점협의, 시장지배적 지위 남용금지, 사업자집중 통제 및 행정권 남용 경쟁 배제 · 제한, 반독점기구, 법률책임 등의 내용을 담고 있었다.

2006년 6월 26일 제10차 전국 인민대표대회 상위회 제22차 회의는 반독점법 초안을 1차 심의하였고 그 초안에 대해 각 성의 자치구, 직할시, 중앙관련부처, 연구기구 등의 의견을 수렴하였으며 좌담회 등을 개최하여 사회 각계의 의견을 듣고 연구를 계속하였다.

법제공작위원회는 위와 같은 과정을 거쳐 반독점법 초안을 수정하였고 2007년 6월 27일 이를 전국인민대표대회 상위회에 상정하여 다시 보완작업을 거쳐 2007년 8월 30일 전국인민대표대회 상위회 제29차 회의에서 드디어 반독점법을 통과시켜 공포하게 되었다.

제4절 중국 반독점법 체계

중국 반독점법은 총 8장 57조로 구성되어 있으며 제1장 총칙(總則), 제2장 독점협의(垄断协議), 제3장 시장지배적 지위의 남용(濫用市長支配地位), 제4장 사업자집중(經營者集中), 제5장 행정권 남용에 의한 경쟁 배제, 제한(濫用行政權力排除, 制限競爭), 제6장 독점행위에 대한 조사(对涉嫌垄断行爲的調查), 제7장 법률책임(法律責任), 제8장 부칙(附則)의 구조로 규정되어 있다.

중국 반독점법은 세계 각국의 입법례를 자세히 연구, 검토하여 경제성 반경쟁행위의 유형을 독점협의, 시장지배적 지위의 남용, 사업자집중의 세 가지로 나누어 규율하고 있다. 우리 나라 공정거래법의 경우 규제의 대상이 되는 사업자의 단독행위를 시장지배적 지위의 남용과 불공정거래행위로 나누어 이중적 규제구조를 취함으로써 해석 및 적용상의 문제점들이 존재한다는 입법론적인 비판이 있는 점을 감안할 때 중국 반독점법의 위와 같은 간결한 구조는 일응 진일보한 입법례라고 할 수 있을 것이다.

반독점법에서 특기할 만한 점은 동 법 제5장에서 행정권 남용에 의한 경쟁 배제, 제한을 규정하고 있다는 것이다.

이는 사회주의 체제를 유지하고 있음에 따라 행정기관 또는 공공사무 관리기능을 가지고 있는 조직에 의한 시장경쟁을 해하는 행위, 즉 소위 '행정성 독점행위'를 막겠다는 중국 입법기구의 의지로 보이며 중국 반독점법의 독특한 시도라고 할 수 있을 것이다.

비록 반독점법이 이미 시행단계에 들어갔으나 아직 이에 따른 시행규정이 모두 완비된 것은 아니며 중국 정부는 지속적으로 시행규정들을 발표하고 있다. 이 중에는 아직 초안 단계에 있는 것들도 상당수이므로 중국 반독점법의 제정은 아직도 진행중이라고 할 수 있다.

반독점법 공포 이후 발표된 시행규정, 지침 등은 〈국무원의 사업자집중 신고 표준에 관한 규정(国务院关于经营者集中申报标准的规定)〉, 〈관련시장획정에 관한 지침 초안(关于相关市场界定的指南 草案)〉, 〈사업자집중 신고에 관한 지도의견(关于经营者集中申报的指导意见)〉, 〈사업자집중 신고 문건자료에 관한 지도의견(关于经营者集中申报文件资料的指导意见)〉, 〈미신고된 사업자집중에 대한 조사, 처리에 관한 임시방법 초안(关于对未依法申报的经营者集中调查处理的暂行办法 草案)〉, 신고표준에 달하지 아니하나 독점혐의가 있는 사업자집중의 증거수집에 관한 임시방법 초안(关于对未达申报标准涉嫌垄断的经营者集中证据收集的暂行办法 草案)〉, 〈사업자집중 신고 임시방법 의견모집안(经营者集中申报暂行办法 征求意见稿)〉, 〈신고표준에 달하지 아니하나 독점혐의가 있는 사업자집중 처리에 관한 임시방법 초안(关于对未达申报标准涉嫌垄断的经营者集中调查处理的暂行办法 草案)〉, 〈상무부 반독점국 사업자집중 신고에 관한 지도의견(商务部反垄断局关于经营者集中申报的指导意见)〉 등이 있으나 이 중 몇 가지는 초안 내지 의견모집안에 불과하다. 향후 구체적인 시행규정의 발표가 기대된다.

제2장

총　　칙

반독점법 총칙(总则)은 총 12개 조항으로 구성되어 있으며 입법취지(목적), 적용범위, 독점행위의 정의, 국가의 의무, 반독점 집행기구 등 총칙적인 사항을 규정하고 있다.

제1절　반독점법의 입법취지

> **제1조　독점행위를 미연에 방지하고 제지하며, 시장의 공정한 경쟁을 보호하고, 경제운영의 능률을 제고하며, 소비자의 이익과 사회공공이익을 수호하고, 사회주의 시장경제의 건전한 발전을 촉진하기 위하여 이 법을 제정한다.**

중국 반독점법 제1조는 동 법의 입법취지를 밝히고 있다. 동 법의 입법취지는 크게 다섯 가지로 나뉘어지는데 1) 독점행위의 방지, 2) 시장의 공정한 경쟁 보호, 3) 경제운영의 능률 제고, 4) 소비자의 이익과 사회공공이익 수호, 5) 사회주의 시장경제의 건전한 발전 촉진 등이다.

여기에서 '독점행위'는 독점협의(우리 나라 강학상 부당공동행위, 재판매가격유지행위, 불공정거래행위 중 일부를 포함하는 개념이다), 시장지배적 지위 남용(우리 나라 강학상 시장지배적 지위 남용과 불공정거래행위 중 일부를 포함하는 개념이다), 사업자집중(우리 나라 강학상 기업결합에 해당한다) 등을 포함하는 개념으로 '반경쟁행위'로 이해하면 될 것임은 전술한 바 있다.

한편 우리 나라 독점규제및공정거래에관한법률 제1조는 "이 법은 사업자의 시장지배적 지위의 남용과 과도한 경제력의 집중을 방지하고, 부당한 공동행위 및 불공정거래행위를 규제하여 공정하고 자유로운 경쟁을 촉진함으로써 창의적인 기업활동을 조장하고 소비자를 보호함과 아울러 국민경제의 균형있는 발전을 도모함을 목적으로 한다"고 규정하고 있는 바, 중국과 우리 나라 사이에 근본적인 법이념의 차이는 없는 것으로 보인다.

다만, '사회주의 시장경제의 건전한 발전'을 입법취지에서 강조하고 있음은 중국의 현 정치·경제체제상 당연한 것이라 보이나 이러한 차이가 향후 반독점법을 운용하는데 있어 어떠한 차이를 야기할 것인지는 주목해 볼 만한 대목이라고 생각된다.

제2절 반독점법의 적용범위

제2조 중화인민공화국 경내에서의 경제활동 중 독점행위에 대하여 이 법을 적용한다. 중화인민공화국 경외에서의 독점행위로서 경내시장의 경쟁을 배제하거나 제한하는 영향을 발생시킬 경우 이 법을 적용한다.

반독점법 제2조는 그 적용범위를 규정하고 있다.

반독점법에서 규정하는 동법의 적용범위는 '중화인민공화국 경내에서의 경제활동중 독점행위'와 '중화인민공화국 경외에서의 독점행위로서 경내시장의 경쟁을 배제하거나 제한하는 영향을 발생시키는 경우'이다.

이는 중국 국내에서의 독점행위뿐 아니라 국외에서의 행위 또한 중국 국내시장에 영향을 미치는 경우 규율하겠다는 것을 명시적으로 확인하는 내용의 규정이라고 할 수 있으며 우리 나라 공정거래법과 동일한 내용이다. 한편 반독점법 제55조, 56조에서는 반독점법의 적용이 제외되는 경우를 규율하고 있는바, 이는 제9장 부칙 부분에서 다시 다루기로 한다.

제3절 독점행위의 정의

제3조 이 법이 정하는 독점행위는 다음 행위를 포함한다.

1) 사업자의 독점협의

2) 사업자의 시장지배적 지위 남용

3) 경쟁을 배제하거나 제한할 수 있는 효과를 발생하거나 효과를 발생시킬 가능성이 있는 사업자집중

반독점법 제3조는 1) 사업자의 독점협의, 2) 사업자의 시장지배적 지위 남용, 3) 경쟁을 배제하거나 제한할 수 있는 효과를 발생하거나 효과를 발생시킬 가능성이 있는 사업자집중이 본 법의 독점행위라고 규정하여 반독점법에서 규율하는 독점행위에 대한 정의 및 그 범위를 기술하고 있다.

1. 독점협의

독점협의는 사업자(기업)간에 경쟁을 배제하거나 제한하기 위해 행하는 협의 또는 합의를 말한다. 독점규제 관련법규 탄생의 가장 큰 이유인 카르텔을 비롯하여 강학상 부당공동행위, 재판매가격유지행위 등에 이르기 위한 각종 협의를 통칭하는 개념이다.

2. 시장지배적 지위의 남용

시장지배적 지위의 남용은 우리 나라 공정거래법 강학상의 시장지배적 지위남용과 동일한 개념으로 특정한 시장에서 가격 또는 공급량 등을 결정할 수 있는 사업자가 자신의 결정력을 남용하는 것을 의미한다. 다만 중국 반독점법상의 시장지배적 지위 남용에는 우리 나라 공정거래법상 부당거래거절 등 불공정거래 행위 중 일부가 포함되어 있다.

3. 경쟁제한적 사업자집중

사업자집중의 원문은 '經營者集中'(경영자집중)으로서 기업결합을 의미한다. 반독점법은 모든 사업자집중이 독점행위에 해당하는 것이 아니라 경쟁을 배제하거나 제한할 수 있는 효과를 발생하거나 효과를 발생시킬 가능성이 있는 사업자집중만이 독점행위에 해당한다고 정의하고 있다.

중국 반독점법에서는 위와 같은 세 가지 유형의 반경쟁행위들을 통칭하여 독점행위라고 정의하고 있으며 위 행위들에 대한 구체적 설명은 해당 부분에서 하기로 한다.

위 세 가지 독점행위 유형들은 우리 나라, 미국, 일본 등에서 보편적으로 다루어지고 있는 것으로 특기할 만한 점은 없으나 우리 나라 공정거래법과는 달리 재판매가격유지행위, 불공정거래행위를 별도로 규정하지 아니하고 위와 같은 세 가지의 독점행위 형태로 간결하게 구성하고 있다는 점에 대하여는 전술한 바와 같다.

다만, 중국의 경우 사회주의 체제를 유지하고 있기에 사기업들에 의한 독점뿐 아니라 행정기관 등이 시장경쟁을 해하는 행위를 할 수 있는 개연성이 농후하므로 이와 같은 점을 규율할 필요성을 느끼게 되었고, 이에 따라 반독점법 제정과 관련하여 러시아나 동구권의 독점규제 관련 법규 또한 상당 부분을 검토 반영하였다.

그 결과 법률 제정 당시 위에서 열거한 전형적인 독점행위를 '경제성 독점행위'라고 보고, 행정기관에 의한 독점행위를 '행정성 독점행위'라고 보아야 한다는 의견이 제시되어 독점행위의 정의에 포함시킬 것인가에 대한 논의가 있었으나, 결국 행정기관 등에 의한 독점행위는 제8조에서 "행정기관과 법률, 법규의 수권에 의하여 공공사무 관리기능을 갖고 있는 조직이 행정권을 남용하여 경쟁을 배제하거나 제한하여서는 아니된다"고 별도로 규정하고 제5장(제32조 내지 제37조)에서 상세하게 규율하는 것으로 법안이 정리되었다.[1)]

제4절 반독점위원회와 반독점법 집행기구

중국 반독점법은 반독점행위를 규율하기 위한 조직으로 반독

1) 吴振国, 전게서, 101쪽.

점위원회와 반독점집행기구를 각 설치하는 이원적 구조를 채택하고 있다.

Ⅰ. 반독점위원회

> **제9조 국무원은 반독점위원회를 설립한다. 동 위원회는 반독점활동을 조직, 조율하며 다음 직책을 이행한다.**
>
> **1) 경쟁정책의 검토, 제정**
>
> **2) 시장의 전반적 경쟁상황에 대한 조사, 평가 및 평가보고 발표**
>
> **3) 반독점지침의 제정, 공포**
>
> **4) 반독점 관련 행정법 집행 조율활동**
>
> **5) 국무원이 정하는 기타 직책**
>
> **국무원 반독점위원회 조직, 활동규칙은 국무원이 정한다.**

1. 반독점위원회의 역할

반독점법 제9조는 반독점활동을 조직, 조율하는 기관으로서의 반독점위원회 설치, 반독점위원회의 직책 등에 대하여 규율하고 있다.

동 조항에 따르면 반독점위원회는 국무원 산하기관으로서 1) 경쟁정책의 검토, 제정, 2) 시장의 전반적 경쟁상황을 조사, 평가하고 평가보고 발표, 3) 반독점지침의 제정, 공포, 4) 반독점 관련 행정법 집행 조율활동, 5) 국무원이 정하는 기타 직책 등을 수행한다.

2. 반독점위원회의 조직 및 구성

중국 국무원은 위 조항에 근거하여 반독점위원회를 조직하였는데 초대 반독점위원회는 위원장(主任) 1명, 부위원장(副主任) 4명, 위원 14명으로 구성되어 있으며 위원장은 국무원 부총리가 겸임하고, 부위원장은 상무부 부장,[2] 국가공상행정관리총국(이하 '공상총국'이라 한다)의 국장, 국가발전개혁위원회(이하 '발개위'라 한다)의 위원장, 국무원 부비서장이 각각 겸임하고 있고 있으며, 위원들 또한 위 부처들 및 기타 유관기관들의 공무원들이 겸임하고 있다.[3]

반독점위원회는 경쟁정책의 제정, 시장의 전반적 경쟁상황 평가, 반독점지침의 제정, 반독점 관련 행정법의 집행을 조율하는 등 반독점행위 규제의 주관기관으로서의 위치를 가지고 반독점법의 효과적인 시행을 위한 정책계획과 그 추진업무를 담당하고 있으며 구체적인 집행업무는 별도로 설치된 반독점 집행기구에 넘기고 있다.

다만 반독점위원회의 위원을 공상총국, 발개위, 상무부의 공무원들이 겸임하고 있는 점에는 비판의 여지가 있다고 본다. 후술하는 바와 같이 반독점법 집행기구 또한 위 부서들의 산하에 설치되도록 되어 있으므로 결국 위 부서들에서 반독점법의 정책결정 및 그 집행을 모두 맡게 되고, 그 결과 반독점위원회와 반독점법 집행기구에게 '준사법기관'으로서의 역할을 기대할 수 있는지 여부에 대한 의문이 들 수 있기 때문이다. 입법론적으로는 반독점위원회가 우리 나라 공정위원회와 같이 준사법적 성격을

---

2) 우리 나라의 장관급에 해당한다.

3) 국무원 발표 国务院办公厅关于国务院反垄断委员会主要职责和组成人员的通知의 내용 참조.

지니고 있는 별도의 기구로 성립될 필요성이 있다고 생각된다.

Ⅱ. 반독점법 집행기구

> **제10조 국무원이 정한 반독점법 집행책임을 부담하는 기구(이하 국무원 반독점법 집행기구라 함)는 이 법의 규정에 따라 반독점법 집행활동을 책임진다.**
>
> **국무원 반독점법 집행기구는 활동상의 필요성에 따라 성, 자치구, 직할시 인민정부 관련기구에 수권하여 이 법의 규정에 따라 반독점법 집행활동을 책임지게 할 수 있다.**

1. 반독점법 집행기구의 역할

반독점법은 제9조에서 규정하고 있는 반독점위원회와는 별개로 반독점집행기구를 설립하여 반독점법 집행활동을 수행할 수 있도록 하고 있으며 이는 공정거래위원회가 직접 공정거래법 조사, 시정조치명령 등을 행하는 우리 나라의 제도와 다른 점이다.

반독점법 집행기구는 반독점위원회의 각종 정책을 집행하는 기구로서 독점행위의 조사, 심사 및 법률책임의 추궁 등 반독점법을 직접 집행하는 업무를 수행한다.

특기할 만한 점은 반독점법 집행기구의 권한을 필요시 지방정부 유관부서에 위임할 수 있게 규정되어 있는 점으로 향후 반독점법 관련 심사, 비준이 성급 상무부로 위임될 수 있는 근거를 미리 만들어 둔 것이다.

아직 반독점법 집행기구가 지방정부 관련부서에 반독점법의 집행을 수권한 사례는 보이지 않고 있으나 이와 같이 향후 집행을 위임할 수 있게끔 규정한 이유는 반독점법 위반행위의 고발권과 관련된 것으로 보인다. 관련 부분에서 후술하겠으나 반독점법은 반독점법 위반행위에 대한 고발권을 개인 또는 단위에게 모두 부여하고 있으며 특히 고발이 서면에 의해 이루어지고 관련 사실이나 증거가 포함된 경우 반독점법 집행기구는 반드시 조사를 개시하여야 하는 것으로 규정하고 있다.[4] 따라서 반독점법 위반 고발 사건이 폭주하게 될 경우 반독점법 집행기구가 사소한 사건의 처리에 매달리느라 정작 중요한 사건을 처리하지 못하거나 사건의 처리가 지연되는 사태가 발생할 우려가 있으므로 이와 같은 경우를 대비하여 사소한 사건의 경우 지방정부 관련 부서에 그 조사를 위임하려는 것으로 보인다. 다만 정확한 내용은 시행규정이 공포되어야 명확해질 것이다.

2. 반독점법 집행기구의 조직 및 구성

국무원은 2008년 7년 31일 위 조항에 근거하여 반독점법 집행기구를 구체화하는 고시를 발표하였는데 우리 나라 공정거래위원회와 같은 통일적인 집행기구를 설치하는 대신 권한을 3분하여 가격 감독과 관련하여서는 발개위 산하에 '가격감독검사사'(价格监督檢查司)를 신설하고, 독점협의, 시장지배적 지위 남용, 행정적 독점과 관련하여서는 공상총국 산하에 '반독점및반부정당경쟁집법국'(反垄断与反不正当竞争执法局)을 신설하며, 사업자집중[5]과 관련하여서는 상무부 산하에 '반독점국'(反垄断局)을 신설하였다. 구체적 업무 분장내용은 다음 표와 같다.

---

4) 반독점법 제38조.

5) 원문은 '경영자집중'으로서 기업결합을 의미하며 본서에서는 편의상 '사업자집중'이라는 표현을 사용하기로 함은 전술한 바와 같다.

집행기구	소속기관	집행업무
반독점국	상무부	기업결합 관련 업무
반독점및반부정당경쟁집법국	공상총국	독점협의, 시장지배적 지위 남용행위, 행정적 독점행위, 부정당경쟁행위 규율업무 (단, 가격관련 독점협의, 시장지배적 지위 남용은 제외)
가격감독검사사	발개위	가격 관련 독점협의, 시장지배적 지위 남용 관련 업무

제5절 소송관할

반독점법과 관련된 소송의 관할을 어떠한 법원에서 가지고 있느냐는 실무상 상당히 중요한 문제라고 할 수 있다.

반독점법에서는 소송관할에 대하여 명시적인 규정을 두지 않아 실무상 논의가 발생하였으나 이를 법규상으로 명문화 하는 대신 중국 최고인민법원[6]에서 2008년 7월 31일자로 반독점법 관련 소송의 관할법원은 '중급법원의 지적재산권 특별부'라고 고시하여 논란을 종식하였으며 이에 따라 반독점법 시행 후 처음으로 이방평 변호사가 개인 자격으로 China Netcom(中国网通)을 중급 법원인 북경시 조양구 법원에 제소하였다(2008. 9. 16자로 정식 입안).

6) 우리 나라의 대법원에 해당한다.

제6절 사업자(经营者)의 정의

제12조(전단) 이 법에서 말하는 사업자라 함은 상품 생산, 경영 또는 서비스 제공에 종사하고 있는 자연인, 법인 및 기타 조직을 말한다.

반독점법 제12조 전단은 사업자의 정의를 규정하고 있다. 반독점법에서는 지속적으로 '사업자(经营者)'라는 표현을 사용하고 있으므로 법의 적용 범위를 명확히 하기 위해 사업자의 정의 개념을 기술하고 있는 조항이라 할 수 있다.

본 조항은 사업자의 개념을 행위의 성질과 주체의 유형에 따라 두 가지 방면으로 정의하고 있다. 행위의 성질적인 측면으로는 '상품 생산, 경영, 서비스 제공'을 하는 자가 사업자라는 것이고, 행위의 주체적인 측면으로는 '자연인, 법인 및 기타 조직'이라는 것이다.

우리 나라 공정거래법의 경우 제2조에서 "사업자라 함은 제조업, 서비스업, 기타 사업을 하는 자를 말한다. 사업자의 이익을 위한 행위를 하는 임원, 종업원, 대리인, 기타의 자는 사업자단체에 관한 규정의 적용에 있어서는 이를 사업자로 본다"라고 규정하고 있는데 일응 대동소이한 내용이라고 할 수 있다.

중국 반독점법에서 '기타 조직'이라는 개념을 사용한 것은 법인에 해당하지 않더라도 경제 혹은 상업활동을 하고 있는 조직을 모두 사업자로 포함시켜야 한다는 입법과정에서의 논의에 따른 것이다. 사회주의 시장경제라는 독특한 체제를 유지하고 있는 중국에서는 아직도 경제영역에 있어 국유기업과 정부부처 또한 경영행위의 주체가 될 수 있어 독점행위 규제의 대상이 되므로 이를 포괄하여 규정하기 위한 것이라고 이해함이 타당하다.

반독점법 상의 자연인, 법인은 우리 나라의 개념과 대동소이하나 ‘기타 조직’이 무엇을 지칭하는 것인가를 알기 위해서는 중국법에 대한 이해가 필요하다. 중국 최고인민법원의 ‘〈중국 민사소송법〉의 적용에 관한 약간의 의견’[7]에 의하면 민사소송법 49조에 규정된 ‘기타 조직’은 합법적으로 성립하고 일정한 조직기구와 재산을 보유하고 있으나 법인능력이 없는 것으로 다음과 같은 것들이다.

(1) 법에 의해 등기를 경료하고 영업허가(营业执照)를 받은 독자기업(独资企业),[8] 합화조직(合伙组织)[9]

(2) 법에 의해 등기를 경료하고 영업허가를 받은 조합형 연합기업

(3) 법에 의해 등기를 경료하고 영업허가를 받은 중외 합작경영기업이나 외자기업

(4) 정부 비준을 받아 등기를 경료하고 사회단체등기증을 받은 사회단체

(5) 영업허가를 받은 법인의 분지기구(分支机构)[10]

(6) 중국 인민은행, 각 은행의 지방 분점

(7) 중국인민보험공사의 각 지방 분점

---

7) 〈关于适用‘中华人民共和国民事诉讼法’若干问题的意见〉

8) 1인 출자 기업을 말한다.

9) 우리 나라의 조합과 비슷한 개념으로 공동출자, 공동경영, 공동위험의 세 가지 요소로 이루어져 있는 조직이다.

10) 분리되어 있는 산하 기구를 의미한다.

(8) 비준을 받아 영업허가를 받은 향전, 가도, 촌판기업[11]

(9) 본 조항의 규정에 부합하는 기타 조직.

중국 법률체계상 반독점법에서 규정하고 있는 '기타 조직' 또한 민사소송법에서 규정하고 있는 내용과 동일한 것으로 해석되어야 할 것이므로 위에서 규정된 조직들 또한 모두 반독점법의 규율대상이라고 하겠다.

제7절 관련시장

제12조(후단) 이 법에서 관련시장이라 함은 사업자가 일정기간 내에 특정 상품 또는 서비스(이하 상품이라 통칭함)로 경쟁하는 상품범위와 지역범위를 말한다.

Ⅰ. 관련시장 획정의 문제

반독점법 제12조 후단은 관련시장의 정의를 '일정기간 내에 특정 상품 또는 서비스(이하 상품이라 통칭함)로 경쟁하는 상품범위와 지역범위'로 규정하고 있다.

관련시장(relevant market)의 획정은 독점을 규제하는 법률에 있어 큰 의미를 지닌다. 독점규제의 대상인 경쟁행위는 모두 일정한 시장범위 내에서 발생하는 것인 바 관련시장에 대한 획정은 경영자 경쟁의 시장범위를 명확히 하는 과정이다. 따라서 관련시

11) 원문은 각 乡镇, 街道, 村办企业. 이들은 중국 특유의 제도로서 중국은 농촌 등 작은 행정단위에서 자체적으로 영리를 위한 사업자단체를 결성할 수 있도록 되어 있다.

장에 대한 획정은 경쟁행위에 대한 분석 진행의 전제인 한편 반독점법 집행의 중요한 절차이기 때문이다.

사업자의 독점협의에 관한 금지, 시장 지배적 지위의 남용에 관한 금지, 경쟁을 제한 또는 배제하는 효과를 가지고 있거나 가지고 있을 가능성이 있는 기업결합 등을 통제하는 등의 반독점법 집행에는 모두 관련시장 획정 문제가 언급될 가능성이 있다.

과학적이고 합리적으로 관련시장을 획정하는 것은 경쟁자와 잠재된 경쟁자를 식별하고 사업자의 시장점유율과 시장집중률을 판정하며 사업자의 시장 지위를 인정하고 사업자의 행위가 시장경쟁에 미치게 되는 영향을 분석하며 사업자의 행위가 위법한지, 사업자에게 법률적인 책임이 있는지 여부를 판단함에 있어서 중요한 영향을 미치게 된다.

실제로 중국 반독점법 시행 후 코카콜라사가 중국 음료업체인 훼이위앤(汇源)사를 인수하겠다고 심사비준을 요청하였을 때 관련시장의 획정은 매우 중요한 쟁점으로 부각된 바 있다.

시장점유율을 판단함에 있어 훼이위앤사는 생과즙 음료 시장에서 46%의 시장을 점유하고 있었고 코카콜라의 자회사는 생과즙 음료 시장에서 10% 가량의 시장을 점유하고 있었는데, 생과즙 음료가 아닌 과즙 음료 시장 전체를 놓고 볼 때에는 훼이위앤사의 시장점유율이 10%를 약간 상회하는 수준에 불과하였으므로 관련시장의 범위를 생과즙 음료에 한정시킬 수 있는지, 적어도 과즙 음료 전체 시장을 기준으로 하여야 하는 것이 아닌지, 아니면 더 나아가 전체 음료 시장으로 확대하여 시장점유율을 판단하여야 하는지에 대해 여러 가지 의견들이 분분하였다.

위 사건의 상세한 경위와 판단결과, 이에 대한 평석 등에 대하여는 관련 부분에서 다시 살펴보기로 하겠으나 결론적으로 중국 상무부는 위 사안에 있어 관련시장의 범위를 생과즙 음료 시장으로 한정하여 이를 기준으로 시장지배력 여부를 결정하였다. 만약 과즙 음료 시장이나 음료 시장 전체로 시장의 범위를 확대하였다면 다른 결론이 나왔을 가능성이 충분한 사안이었기에 관련시장 획정의 문제는 그만큼 반독점법 시행에 있어 중요한 문제라고 할 수 있다.

반독점법 자체에서는 관련시장의 정의로 '사업자가 일정기간 내에 특정 상품 또는 서비스로 경쟁하는 상품(또는 서비스)의 범위와 지역의 범위'라고 하여 '일정 기간', '특정 상품(서비스), '지역 범위'의 세 가지 요소를 들고 있다.

반독점법은 관련시장 획정의 중요성을 충분히 인식하여 관련시장의 범위 획정을 위해 '관련시장 획정에 관한 지침'(关于相关市场界定的指南, 이하에서는 '관련시장 지침'이라고 한다)으로 상세히 규율할 예정이나 아직까지는 2009년 1월 5일에 그 초안만을 발표한 상태이다. 지침의 초안이 상당 부분 그대로 유지되어 발표될 가능성이 높으므로 아래에서는 지침 초안을 통해 관련시장의 획정에 대해 알아보기로 한다.

Ⅱ. 관련 상품시장 획정의 고려 요소

관련 상품시장이란 상품의 특징, 용도 및 가격 등의 요소에 근거하여 서로 대체될 수 있는 한 세트 또는 한 부류의 상품으로 구성된 시장을 말한다.

즉, 관련 상품이란 수요자가 밀접한 대체적인 관계가 있다고 간주하는 모든 상품을 가리킨다. 이러한 상품들은 밀접한 대체성을 갖고 있으므로 비교적 강한 경쟁관계를 갖고 있으며 반독점

법률 집행 과정 중 경영자가 경쟁을 진행하는 상품의 범위로 할 수 있다.[12)]

관련 상품시장을 획정할 때에는 다음과 같은 요소를 고려해야 한다.[13)]

1. 상품의 총체적인 특징과 용도

상품의 특징은 상품의 외관, 특성, 품질과 기술적 특징 등을 포함한다.

상품은 특징상 일부 차이점을 나타낼 수 있지만 수요자는 여전히 서로 다른 상품의 동일하거나 유사한 용도에 근거하여 그러한 상품들을 밀접한 대체성 상품으로 간주할 수 있다.

2. 상품의 가격차이

일반적인 상황하에서 밀접한 대체 상품의 가격은 서로 비슷하며 가격 변화 시에도 동등한 방향으로의 변화 추세를 드러낸다.

반대로 밀접한 대체 관계를 가지고 있지 않는 상품은 가격차이가 비교적 크고 가격변화시 같은 방향으로의 추세를 드러내지 않는다.

3. 상품의 판매경로

판매경로가 서로 다른 상품은 구매하는 수요자도 다를 수 있어 상품 간에 경쟁관계를 구성하기 어려우므로 관련상품으로 될 가능성이 비교적 낮다.

---

12) 지침 초안 제3조.

13) 지침 초안 제8조.

4. 기타 중요 요소

수요자의 취향 또는 상품에 대한 의존 정도, 브랜드에 대한 충성도, 수요자가 대체품으로 방향을 바꿈에 있어서 존재하는 장애, 리스크와 원가, 구별 정가(定价) 존재 여부 등의 요소를 들 수 있다.

Ⅲ. 관련 지역시장 획정의 고려 요소

관련 지역시장이란 밀접한 대체관계가 있는 상품이 상호 경쟁하는 지리적 구역을 말한다.

관련 지역시장 범위 내의 경쟁조건은 기본적으로 일치하고 기타 지역시장의 경쟁조건과 현저한 구별이 있으며 반독점법 집행 과정 중 사업자가 경쟁을 진행하는 지역범위로 할 수 있다.

수요 각도로부터 관련 지역시장을 획정할 경우 다음과 같은 요소를 고려하여야 한다.[14]

1. 상품의 운수 원가, 운수 특징

상품의 가격에 비해 볼 때 운수 원가가 높을수록 관련 지역시장의 범위는 더욱 작다. 시멘트 등을 예로 들 수 있다.

상품의 운수 특징도 상품의 판매지역을 결정한다. 파이프로 운수하는 가스 등을 예로 들 수 있다.

2. 상품의 판매분포

다수의 수요자는 상품의 실제 구역과 주요 사업자 상품의 판

14) 지침 초안 제9조 전단.

매 분포에 따라 구매를 선택하는 경향이 있다.

3. 관세, 지방성 법규 등을 포함한 지역간의 무역장벽

상품의 가격에 비해 볼 때 관세가 비교적 높을 경우 관련 지역시장은 한 개의 구역성 시장일 가능성이 크다.

4. 기타 중요 요소

특정 구역 수요자의 취향, 해당 지역에 대한 상품의 반입과 반출 수량 등을 예로 들 수 있다.

공급 각도로부터 관련 지역시장을 획정할 경우 다른 지역에서 관련상품을 공급 또는 판매함에 있어서의 신속성과 타당성을 고려하여야 한다. 다른 지역 사업자에게 주문을 전환하는데 있어서의 원가 등을 예로 들 수 있겠다.

Ⅳ. 가정 독점자 측정[15]을 이용한 관련시장 획정

1. 가정 독점자 측정의 개념

관련시장 획정에 관한 지침 초안 제7조는 "관련시장을 획정하는 방법은 유일한 것이 아니며 반독점 실천 중에서는 실제 상황에 근거하여 다른 방법을 사용할 수 있다. 일반적으로 반독점 법률 집행과정 중 우선 상품의 특징, 용도, 가격 등 사실을 기초로 하여 수요 대체에 대한 분석을 진행하며 필요할 경우 공급 대체에 관한 분석을 진행하여 관련 상품시장과 관련 지역시장을 확정할 수 있다"고 규정하면서 그 후단에서 "사업자 경쟁의 시장범

15) 원문은 '假定垄断者测试'이며, 가상의 독점률을 측정해 본다는 의미이다.

위가 명확하지 않거나 분쟁이 있는 등 복잡한 상황 하에서는 "가정(假定) 독점자 측정"의 분석 방법에 따라 경제분석 방법의 도움을 빌어 관련시장을 획정한다."고 하여 가정 독점자 측정이라는 개념을 도입하고 있다.

이와 같은 가정 독점자 측정은 관련시장 획정의 분석방법으로서 미국의 수평결합가이드라인(Mergers Guidelines, 1992)에 따라 사용하고 있는 SSNIP(small but significant and nontransitory in price) 테스트 개념을 기본적으로 차용하고 있는 것으로 보인다.

SSNIP 테스트는 임의로 시장범위를 획정하여 그 시장에 독점사업자가 있다고 가정하고 이 때 '작지만 의미 있고 일시적이지 않은 가격인상'을 한 경우, 예를 들면 가격을 5% 인상한 경우 많은 소비자들이 다른 상품을 구매하지 아니하고 또 신규사업자가 진입하지 않는다면 그 시장획정이 제대로 이루어진 것으로 판단하는 방법으로 수평적 기업결합의 경우 각국의 보편적 지침으로 사용되고 있다.

중국 반독점법은 위 개념을 기초로 하여 경제학 분석 도구의 도움을 빌어 취득한 관련 데이터를 분석한 후 관련시장 획정을 진행함으로써 관련시장 획정 시 나타날 수 있는 불확정성을 해결하려고 하는 것이다.

2. 가정 독점자 측정의 내용

'관련시장 획정에 관한 지침 초안'에 따르면 가정 독점자 측정의 내용은 다음과 같다.[16)]

16) 동 초안 제10조.

가정 독점자 측정의 주요 목적은 가상의 독점적 사업자가 경쟁가격 수준보다 높은 가격의 최소 상품 집합과 지역범위, 즉 관련시장을 유지할 수 있는가를 확정하는 것이다.

가정 독점자 측정은 일반적으로 우선 관련 상품시장을 획정한다. 반독점 심사가 관심을 가지는 사업자가 제공한 대상 상품부터 고려하여야 하며, 해당 지역의 사업자가 이윤 최대화를 경영목표로 하는 독점자인 것으로 가정할 경우 검토해야 할 것은 기타 상품의 판매 조건이 변하지 않는 상황하에서 가정 독점자가 상품가격을 적은 폭(예를 들면, 5%~10%)으로 지속적으로(1년 이상) 상승시킬 수 있는지 여부이다.

대상상품의 가격인상은 수요자가 기타 밀접 대체 관계가 있는 상품을 구매하는 것을 초래할 수 있으며 이로 인하여 가정 독점자 판매량의 감소를 일으킬 수 있다. 만약 상품가격 인상 후 가정 독점자 판매량의 감소가 그 이윤 취득을 충분히 막을 수 없을 경우 가정 독점자는 해당 상품의 유일한 생산자이며 관련시장은 바로 대상지역 중의 대상상품이다.

만약 가격인상이 기타 상품의 대상상품에 대한 강력한 대체성을 초래하여 가정 독점자의 가격인상 행위가 이윤을 취득할 수 없게 될 경우 밀접 대체성 상품을 관련시장에 증가하여야 한다. 이어서, 확대한 상품 집합을 시작으로 하여 위와 유사한 방법에 따라 해당 상품 집합의 가격인상 후 가정 독점자가 여전히 이윤을 얻을 수 있는지 여부를 검토하여야 한다. 만약 답이 긍정적이라면 새 상품 집합은 관련 상품시장을 구성하며 반대일 경우 위의 분석과정을 계속하여야 한다.

상품 집합이 클수록 집합 내 상품과 집합 외 상품의 대체성은 더욱 작으므로 최종적으로 어느 한 상품시장이 나타날 것이며 이

상품시장 중에서 가정 독점자는 가격인상을 통하여 이윤을 실현할 수 있고 이로부터 관련 상품시장을 획정할 수 있다.

관련 상품시장 획정 후 관련 지역시장도 획정하여야 한다.

관련 상품시장을 획정하는 것과 유사하게 관련 지역시장 획정은 우선 반독점 심사가 관심을 가지고 있는 대상 지역시장으로부터 출발하여 기타 지역에서의 판매조건이 변하지 않는 상황하에 가정 독점자가 해당 지역시장 내에서 관련상품의 가격을 적은 폭으로 인상하여 이윤을 얻을 수 있는지 여부에 대해 검토한다. 만약 답이 긍정적일 경우 관련 지역시장을 획정할 수 있으며 기타 지역시장의 강력한 대체성이 가격인상으로 인하여 이윤을 얻을 수 없게 할 경우 지역시장 범위를 증가하여 가격인상이 최종적으로 이윤을 얻을 수 있을 때까지 진행하는 방법으로 관련 지역시장을 획정할 수 있다.

위와 같은 동 지침의 내용은 SSNIP 테스트와 더불어 임계매출감소분석(Critical Loss Analysis) 기법을 차용한 것으로 보인다.[17]

임계매출감소분석 기법은 가상 독점사업자가 일정한 가격인상을 하였을 경우 이윤의 감소를 야기하지 않는 매출감소율의 최대치, 즉 임계매출감소율과 가격을 인상하였을 경우 실제로 발생할 것으로 추정되는 매출감소율, 즉 실제매출감소율을 비교하여 실제매출감소율이 임계매출감소율보다 작아지는 최소 범위의 상품 또는 지역을 관련시장으로 획정하는 방법으로서 이와 같은 임계매출감소율이나 실제매출감소율의 구체적 산출방법에 대하여는 본서의 성격상 생략하기로 한다.

---

17) 임영철, 전게서, 123쪽에서는 SSNIP 테스트와 더불어 임계매출감소분석(Critical Loss Analysis)의 개념, 산출방법 등에 관하여 상세하게 다루고 있다.

중국은 이와 같이 외국에서 시장획정과 관련되어 논의되고 있는 여러 방법들을 연구한 후 이를 중국의 현실에 맞추어 내용적으로 위 지침을 통해 정리하고 있는 것으로 보인다. 향후 지침이 어떠한 내용으로 수정될지 귀추가 주목되는 부분이다.

제8절 기타 총칙성 규정들

Ⅰ. 국가의 정책

국가는 사회주의 시장경제에 적합한 경쟁규칙을 제정하여 실시하고, 완벽한 거시적 통제를 하며, 통일적이고 개방적이며 경쟁적이면서도 질서있는 시장체계를 확립한다.[18]

Ⅱ. 사업자의 공평한 경쟁

사업자는 공정한 경쟁, 자발적인 연합, 법에 의한 합병, 경영규모의 확대를 통해 시장경쟁력을 제고할 수 있다.[19]

그러나 시장지배적 지위를 가지고 있는 사업자가 시장지배적 지위를 남용하여 경쟁을 배제, 제한하여서는 아니된다.[20]

Ⅲ. 국가와 사업자의 의무

국가는 국유경제가 지배적 지위를 점하는 국민경제의 명맥

18) 반독점법 제4조.
19) 반독점법 제5조.
20) 반독점법 제6조.

및 국가안전과 관련된 업종 및 법에 의거하여 특별운영, 특별매출을 실시하는 업종의 사업자의 합법적 경영활동을 보호하는 동시에 그 사업자의 경영활동 및 그 상품과 서비스 가격을 법에 따라 감독 관리하고 통제함으로써 소비자의 이익을 수호하고 기술발전을 촉진시킨다.

앞에서 규정한 업종의 사업자는 합법적으로 경영하고 신의성실의 원칙을 지키며 자기를 엄격히 단속하고 사회 공중의 감독을 받아야 하며 그의 지배적 지위나 특별운영, 특별판매 지위를 이용하여 소비자의 이익을 해하여서는 아니된다.[21]

Ⅳ. 행정독점의 금지

행정기관과 법률, 법규의 수권에 의하여 공공사무 관리기능을 갖고 있는 조직이 행정권을 남용하여 경쟁을 배제, 제한하여서는 아니된다.[22]

이는 전술한 바 있는 행정성 독점에 관한 조항으로서 본서 제6장에서 상세히 기술하기로 한다.

Ⅴ. 업계협회의 의무

업계협회는 업계의 자율을 강화하고, 해당 업계의 사업자들이 법에 따라 경쟁하도록 지도(指導)하며, 시장경쟁질서를 수호하여야 한다.[23] 업계협회의 정의에 대하여는 해당 부분에서 상술하겠

21) 반독점법 제7조.
22) 반독점법 제8조.
23) 반독점법 제11조.

으나 우리 나라 공정거래법상 '사업자단체'의 개념으로 이해함이 상당하다고 본다.

반독점법은 총칙에서 위 규정과 같이 업계협회에게 1) 업계의 자율 강화, 2) 업계 소속 사업자들로 하여금 적법절차에 의한 경쟁을 하게끔 유도, 3) 시장경쟁질서의 수호라는 세 가지 의무를 지우고 있다.

업계협회의 정의 및 업계협회의 독점행위 조직(組織) 금지 등에 대하여는 해당 부분에서 다시 상술하기로 한다.

제3장

독점협의

제1절 독점협의의 개념

독점협의(垄断协议)는 기업간에 경쟁을 배제하거나 제한하기 위해 행하는 협의를 말하며 독점협의의 핵심은 '공모'이다.[1] 이때 경쟁을 배제하거나 제한하는 행위에는 명시적인 독점협의에 의한 것 외에 경쟁을 제한하는 협조성 행위 또한 포함된다.

독점협의는 시장 주체간의 경쟁과 시장 경제 활동을 약화시키므로 각종 독점협의의 위해성은 아주 크다고 할 수 있다. 따라서 세계 각국은 대부분 독점협의를 규제하고 있다. 독점협의의 형식은 서면 또는 구두의 어떠한 방법으로도 가능하다.

중국 반독점법은 부당한 공동행위의 제한, 불공정거래행위의 금지, 재판매가격 유지행위의 제한 등 소위 '독점협의'로 분류될 수 있는 내용들을 나누어 규제하고 있는 우리 나라 공정거래법과는 달리 제2장에서 독점협의라는 제목 하에 관련된 내용들을 일

1) 商务部条法司编(尚明 主编),「中华人民共和国反垄断法」理解与适用, 法律出版社, 2007, 57쪽.

괄하여 정리하고 있다.

반독점법은 독점협의를 크게 두 가지로 나누어 수평적 독점협의와 수직적 독점협의에 해당하는 행위들을 직접 열거하는 방식을 취하고 있으며, 별도의 조항으로 독점협의 금지의 적용이 배제되는 경우도 법조문에 명시하고 있다. 한편 업계협회의 독점협의와 관련된 규정 또한 별도의 조항으로 두고 있다. 이하에서 상세히 살펴보기로 한다

제2절 수평적 독점협의의 금지

제13조 경쟁관계에 있는 사업자들 상호간에 아래와 같은 독점협의에 이르는 것을 금지한다.

1) 상품가격의 고정 또는 변경

2) 상품의 생산량이나 판매량 제한

3) 판매시장 또는 원자재 구입시장 분할

4) 신기술, 신설비 구입제한 또는 신기술, 신제품 개발 제한

5) 연합적 거래 배척

6) 국무원 반독점법 집행기구가 정하는 기타 독점협의

이 법에서 말하는 독점협의는 경쟁을 배제, 제한하는 협의, 결정 기타 협동행위이다.

Ⅰ. 반독점법의 규정내용

반독점법 제13조는 경쟁관계에 있는 사업자간의 독점협의 금지에 관한 규정으로 그 예로서 다음과 같은 여섯 가지를 열거하

고 있다. 본 조항은 경쟁사업자간의 수평적인 독점협의를 금지하는 내용으로 다섯 가지의 전형적인 경우를 들고 있으면서 한편으로 포괄 조항으로서의 '반독점법 집행기구가 정하는 독점협의'라는 부분을 삽입하여 전형적이지 아니하나 독점협의로서의 결과를 낳을 수 있는 행위를 규제할 수 있는 근거를 만들어 놓고 있다.

한편 동 조항은 그 후단에서 독점협의는 '경쟁을 배제, 제한하는 협의, 결정 또는 기타 협동행위'라고 규정함으로써 본 법에서 규율하고 있는 독점협의의 개념을 명확히 하고 있다. 우선 법이 예시하고 있는 수평적 독점협의의 경우를 살펴보기로 한다.

1. 상품가격의 고정 또는 변경

상품가격의 고정 또는 변경은 시장경쟁을 해하는 가장 기본적인 요소 중 하나라고 할 수 있다. 상품의 최대 가격이나 최소가격, 변동 폭 등 그 형식을 불문하고 상품의 시장가격에 대한 협의로 가격이 고정되거나 변경되는 것은 당연히 독점협의에 해당된다.

상품가격의 인상뿐 아니라 상품가격의 인하 또는 고정(유지)가 본 조항을 통해 규제되는 독점협의의 대상이 되는 이유는 이와 같은 상품가격의 결정이 자연적으로 이루어지는 것이 아니라 인위적으로 형성됨으로 인해 시장의 자연스러운 경쟁을 해하고 자원을 효과적으로 분배할 수 없는 결과를 초래할 수 있기 때문이다.

우리 나라 공정거래법에서는 '가격을 결정, 유지 또는 변경하는 행위'[2]라고 규정하고 있는데 반해, 중국 반독점법에서는 '가격의 고정 또는 변경'만 규정하고 있으나 상품가격의 결정이 독점

---

2) 공정거래법 제19조 제1항.

협의의 금지대상이 될 수 있음은 해석상 당연하다고 하겠다.

2. 상품의 생산수량이나 판매수량 제한

상품의 생산수량이나 판매수량의 제한을 통한 독점행위는 사업자로 하여금 부당하게 높은 이윤을 얻을 수 있게 할 수 있다는 점에서 고전적 의미의 독점협의에 해당한다고 할 수 있다.

3. 판매시장 또는 원자재 구입시장 분할

본 조항의 경우 일반 소비자로서는 독점협의의 결과를 곧바로 알 수는 없다는 점에서 은밀한 독점협의라고 할 수 있을 것이다. 사업자 간에 판매시장 또는 원자재 구입시장을 분할할 경우 실질적으로 사업자 간의 경쟁이 없어지고 각기 독점적 지위를 누릴 수 있기 때문이다.

4. 신기술, 신설비 구입제한 또는 신기술, 신제품 개발 제한

이 경우는 독점협의를 하는 사업자들에게 부당하게 높은 이윤을 발생시킨다기 보다는 이와 같은 독점협의를 통해 사업자들이 신기술의 도입 내지 신제품 개발 등에 추가 비용을 지출하지 않고, 그로 인해 소비자들에게 손해를 가할 수 있다는 측면에서 독점협의의 한 형태로 보는 것이다. 반독점법의 목적에 '소비자의 이익 수호'가 포함되어 있다는 것을 잘 보여주고 있는 예시라고 할 수 있다.

5. 연합적 거래 배척[3)]

연합적 거래 거절이라고도 표현할 수 있으며 사업자간에 특

---

3) 원문은 联合抵制交易이다.

정 제삼자와의 거래를 하지 않기로 협의하는 행위를 말한다. 이와 같은 행위는 시장경쟁을 크게 해하는 요소임을 세계 각국이 모두 인정하고 있어 대부분의 나라에서 규제하고 있기에 중국 반독점법에서도 명시적으로 이러한 행위를 금지함을 규정하고 있는 것이다.

6. 국무원 반독점법 집행기구가 정하는 기타 독점협의

비록 반독점법이 열거적 규정을 통해 독점협의의 예를 들어 놓았으나 이같은 전형적인 행위들로 모든 독점행위를 규제하기는 어렵다고 할 수 있다. 경제의 발전, 시장의 경쟁구도 여하에 따라 다양한 독점협의들이 발생할 수 있기 때문이다. 그렇기 때문에 반독점법은 포괄적 개념으로서 국무원 반독점법 집행기구가 정하는 기타 독점협의 또한 동 법의 규제대상임을 명시하고 있으나 현재까지 이와 관련된 규정이나 지침을 발표하지는 않고 있다. 향후 독점협의에 관련된 종합적이고 세밀한 지침이 발표될 것으로 예상된다.

Ⅱ. 독점행위(카르텔) 처리 원칙의 문제

중국 반독점법 상에는 독점행위의 처리 원칙이 명시적으로 논의되지는 않으나 중국 반독점법 자체가 외국의 입법례와 법적 논의들을 많이 참조하였기에 현재 중국 학계에서도 일반적으로 카르텔의 처리 원칙과 관련하여 '당연 위법의 원칙'과 '합리의 원칙'의 문제가 논의되고 있다.[4)]

4) 商务部条法司编(尚明 主编), 전게서 제69쪽, 时建中, 「反垄断法-法典释评与学理探源」, 中国人民大学出版社, 2008, 제151쪽 등 참조.

이와 같은 독점행위 처리 원칙의 문제는 입법 및 그 적용에 있어서 지속적으로 전제조건이 되는 원칙이므로 독점규제에 관한 법률에 있어 큰 의미를 지니나 독점규제법규 자체에 대한 연구서보다는 중국 반독점법의 해설서라는 본서의 특성상 이해를 돕기 위한 범위에서 간략하게 살펴보기로 한다.

1. 당연위법의 원칙(per se illegal)

당연위법의 원칙은 일정한 유형의 합의 즉 담합 또는 카르텔의 경우 합의의 존재만 인정되면 이와 같은 행위가 경쟁을 제한하는 것인지에 대한 입증이나 판단 없이 바로 위법성이 인정된다는 원칙이다.

전형적인 담합 또는 카르텔에 당연위법의 원칙이 적용되는 효과는 두 가지 측면에서 나타나는데, 첫째로는 소송상 당연위법의 원칙에 해당하는 경우 원고는 카르텔의 존재만을 증명하면 될 뿐 그 카르텔이 실제로 경쟁성을 제한하는지 여부에 대하여 증명할 필요가 없고, 둘째로 카르텔을 심사하는 경우에 있어(심사기관 및 법원 모두) 카르텔의 목적 및 결과를 조사할 필요가 없으며 단지 이 카르텔이 위법한지 여부만 결정하면 되기에 심리에 소요되는 시간과 비용이 절약될 수 있는 것이다.[5)]

2. 합리의 원칙(rule of reason)

합리의 원칙이란 특정한 행위의 존재만으로는 위법성이 인정되지 않고 그 행위로 인한 효과를 평가하여 부당성이 추가로 입증되는 경우에 비로소 위법성이 인정된다는 원칙을 말한다.[6)]

---

5) Paul T. Denis, Focusing on the Characterization of Per se unlawful horizontal restraints, *The Antitrust Bulletin*, Fall/1991, 644쪽.

1911년의 스탠더드 오일(Standard Oil) 사건에서 미국 연방법원은 합리의 원칙을 확립하였다. 합리의 원칙이란 시장의 경쟁을 제한하는 행위 자체가 위법한 것은 아니며 그 중 합리적이지 않은 협의 내지 행위가 있어야 비로소 반독점법의 금지 대상이 된다는 것이다. 이후 미국의 판례는 점차 합리의 원칙을 도입하기 시작하여 마침내 2007년 미국의 Leegin Creative Leather Product, Inc. v. PSK, Inc 판결은 그 동안 당연위법의 원칙을 지켜오던 최저 재판매가격 제한 분야에서 합리의 원칙을 채택하게 되었다.

결국 미국에서 독점행위의 처리에 관한 위 두 원칙의 적용은 당연위법의 원칙에서 합리의 원칙으로 전환되고 있는 추세라고 봄이 상당할 것이다.

이와 같은 독점행위 처리 원칙의 문제는 입법 및 그 적용에 있어서 전제조건이 되므로 독점규제에 있어 큰 의미를 지니며 이와 관련된 논의의 양이 방대하나 중국 반독점법에 대한 개관적 해설이라는 본서의 취지상 자세한 논의는 생략하기로 한다.

제3절 수직적 독점협의의 금지

제14조 사업자와 거래 상대방과의 아래와 같은 독점협의를 금지한다.

1) 제삼자에 대한 거래가격 고정

2) 제삼자에 대한 상품전매 최저가격 제한

3) 국무원 반독점법 집행기구가 정하는 기타 독점협의

6) 임영철, 공정거래법 해설과 논점, 2007, 4쪽.

Ⅰ. 수직적 독점협의 이론

수직적 독점협의란 서로 다른 생산사업 단계에 있는 기업간의 협의, 예를 들자면 매수인과 매도인간의 협의 등을 말하는 것이다.

수직적 독점협의는 수평적 독점협의와는 달리 협의 당사자들의 상호 보완성, 즉 일방이 상품을 제공하고 다른 일방은 그 상품에 가격을 지불한다는 특성이 있으며 수직적 독점협의는 상품, 가격 및 수량 등에 관한 협의 이외에 매도 상대방, 매수 상대방 등에 대한 제한도 포함하는 개념이다.

일반적으로 수직적 독점협의의 경쟁제한효과는 수평적 독점협의의 경쟁제한효과보다 뚜렷하지 않다고 여겨진다. 수평적 관계에서는 경쟁자 1인이 시장에서의 상품 판매가격을 상승시키면 다른 경쟁자가 더 큰 수익을 얻을 수 있게 되므로 이러한 점이 시장에서 경쟁자들간의 연합을 통해 경쟁을 피하는 동기를 부여한다. 이에 반해 수직적 관계에서는 기업간의 관계가 경쟁이 아닌 상호 보완적이므로 거래 당사자들간의 합의에 의해 결국 소비자에게 직접적 손해가 가해질 수 있다.

각국의 입법 및 적용 경험 등에 비추어 수직적 경쟁제한협의는 다음과 같은 일곱 가지 유형이라고 이해되고 있다.

1. 최저가격 유지

최저가격 유지란 매도인과 매수인 사이에 매수인이 제삼자에게 상품을 전매할 경우 그 상품의 최저가격을 약속하는 유형이다. 해당 상품의 대체성이 작을 경우 이와 같은 가격적 약속은 결국 최종 소비자가 지불하는 상품가격에 영향을 주므로 이러한 유형의 독점협의에 대하여는 대부분의 국가가 명시적으로 위법이라고 규정하고 있다

2. 최고가격 약속

이는 매수인으로 하여금 상품 전매시 상품가격의 최고 한도를 미리 정해 놓는 것이며 이는 매수인으로 하여금 상품의 가격경쟁력을 높이고, 소비자로서도 이익을 얻을 수 있다는 측면이 있으므로 비록 이러한 행위가 경쟁 자체를 제한할 수는 있다고 하더라도 당연히 위법하다고 보기는 어렵다고 하겠다. 따라서 이러한 최고가격 약속 행위는 당연히 위법한 것은 아니며 합리의 원칙에 따라 처리해야 한다고 해석되고 있다.

3. 가격 건의

이는 상품 생산자가 판매상에게 상품을 판매하면서 전매가격에 대해 일정한 가격을 추천할 수 있으나 이에 구속력은 없는 것을 말한다.

가격을 건의하는 것은 일종의 추천의견에 불과하고 판매상이 반드시 이에 따를 필요는 없기에 판매상의 시장에서의 행위를 제한한다고 보기 어렵다. 또한 이러한 가격적 건의는 소비자로 하여금 판매상의 지나친 이윤 책정으로 인한 피해를 줄일 가능성을 높여 줄 수 있다는 점에서 각국의 독점규제 관련 법규에서는 가격 건의를 합법적인 것으로 보고 있다. 그러나 생산자가 실질적으로는 거래수단 등 여러 가지 조건을 통해 자신의 추천가격을 판매상으로 하여금 반드시 준수토록 하는 경우에는 이와 같은 추천가격이 사실상 구속력을 가지게 되므로 이러한 행위는 위법하

다고 보아야 할 것이다.

4. 끼워팔기

끼워팔기는 소비자가 하나의 상품을 사기 위해서는 반드시 다른 종류의 상품 하나를 부가적으로 구매하도록 하는 것이다. 끼워파는 대상 상품은 대개 소비자가 필요로 하지 않거나 다른 판매자로부터 더 좋은 조건으로 구매할 수 있는 것으로서 이러한 끼워팔기는 일반적으로 독점규제법규에서 금지하고 있는 대상으로 보고 있다.

그러나 기술적 목표의 실현을 확보하기 위한 끼워팔기는 합리성이 있으면 위법하지 않다고 판단될 여지가 있으므로 합리성에 대한 분석이 필요할 것이다.

5. 배타적 거래협의

배타적 거래협의는 상품 제공자가 특정한 지역에 위치한 특정 판매상과의 독점 거래를 약속하거나 특정한 판매상이 일정한 상품 제공자의 일련의 상품군 전체를 독점 매수하는 내용의 약속을 하는 것을 말한다. 이러한 행위는 잠재적인 경쟁자들을 거래관계에서 배척함으로써 시장경쟁을 해할 우려가 있음이 뚜렷하므로 금지의 대상인 수직적 독점협의라고 보고 있다.

6. 특허협의

특허협의는 한 기업이 자신이 유통에 투입한 상품, 상표 혹은 유통방식과 부속 서비스를 다른 기업으로 하여금 사용하도록 하고 이를 사용한 기업은 그 사용의 대가를 지불하는 것을 말한다. 이러한 협의는 새로 설립된 기업 혹은 신상품으로 시장에 진입하는 기업에게는 효율성을 높일 수 있는 방법일 수 있으며 후술하는 바와 같이 지적재산권의 행사는 일반적으로 반독점법의 적용이 배제되므로 자신이 보유하고 있는 특허권 등을 타 사업자에게 사용하도록 허락하는 것만으로 금지되는 독점협의에 해당한다고 볼 수는 없다.

다만 이러한 특허협의가 시장에서 다른 사업자를 퇴출시키기 위한 기제로 사용되는 경우 지적재산권의 남용을 통한 시장경쟁의 제한으로 볼 수 있으므로 이러한 특허협의는 경쟁법 규율의 범위 내에 속하는 것으로 보아 독점협의 금지의 대상으로 규율하여야 할 것이다. 이에 대하여는 지적재산권의 반독점법 적용배제 부분에서 다시 설명하기로 한다.

7. 제조상과 판매상 사이의 부대조건 협의

제조상과 판매상 간의 부대조건의 협의를 말한다. 제조상과 판매상 사이에 부가조건을 협의하는 것이 바로 시장경쟁을 해하는 것이라고 볼 수는 없다. 일정한 부가조건의 협의는 소비자에게 유리할 수도 있으며, 때로는 시장경쟁을 촉진하는 것일 수도 있기 때문이다.

예를 들어 제조상이 판매상에게 상품을 판매한 후 소비자에게 일정한 정도의 애프터서비스를 제공하라는 내용의 부가조건을 제시하는 경우 이는 경쟁을 해하는 행위라고 볼 수 없을 것이다. 그러나 제조상과 판매상 사이의 부가조건으로 특정 상품의 독점적 판매를 협의한다면 다른 제조상의 시장 진입기회를 없앨 수 있으므로 반경쟁적 행위라고 할 수 있다.

Ⅱ. 반독점법의 규정내용

반독점법은 사업자와 거래 상대가 독점협의에 이르는 것을 금지한다고 규정하면서 금지의 대상인 독점협의로 (1) 제삼자에 대한 거래가격 고정, (2) 제삼자에 대한 전매상품 최저가격 제한, (3) 국무원 반독점법 집행기구가 인정하는 기타 독점협의 등 세 행위를 열거하고 있다.[7)]

본 조항은 사업자간의 수직적인 독점협의를 금지하는 내용으로서 두 가지의 전형적인 수직적 독점협의를 예시한 후 반독점법 집행기구가 인정하는 독점협의라는 포괄적 개념을 함께 규정하여 전형적이지 아니하나 독점협의로서의 결과를 낳을 수 있는 행위를 규제할 수 있는 근거를 만들어 놓고 있다.

1. 제삼자에 대한 거래가격 고정

매도인과 매수인간에 매수인이 제삼자에게 상품을 전매하는 경우의 거래가격을 고정하는 내용의 협의이다.

2. 제삼자에 대한 전매상품 최저가격 제한

매도인과 매수인간에 매수인이 제삼자에게 상품을 전매하는 경우의 최저거래가격을 제한하는 내용의 협의이다.

위와 같은 두 가지 내용의 협의는 매수인으로 하여금 제삼자에 대한 상품 제공 가격을 사전에 제한함으로 인해 매도인으로서는 미리 정해진 일정액수 이상의 이윤을 확보하고 매수인으로서는 판매 경로를 확보하는데 대한 적극성을 훼손함으로써 시장경

---

7) 반독점법 제14조.

쟁을 해하는 요소로 작용할 수 있다는 점에서 반독점법의 규제대상이 되어야 한다는 것이다.

3. 국무원 반독점법 집행기구가 인정하는 기타 독점협의

반독점법은 위와 같은 두 가지의 전형적인 경우로서 모든 독점행위를 규제하기는 어렵다는 판단하에 포괄적 개념으로서 국무원 반독점법 집행기구가 정하는 기타 독점협의 또한 독점협의 규제의 대상임을 명시하고 있으나 현재까지 이와 관련된 규정이나 지침을 발표하지는 않고 있다.

전술한 바 있는 가격건의, 끼워팔기, 배타적 거래협의, 부대조건 협의 등이 그 예가 될 수 있을 것이며, 향후 이에 관한 종합적이고 세밀한 지침이 발표될 것으로 예상되고 있다.

제4절 독점협의 금지의 예외

제15조 사업자가 그가 한 협의가 아래와 같은 상황 중 하나에 해당함을 증명할 수 있는 경우 이 법 제13조, 제14조의 규정을 적용하지 아니한다.

1) 기술의 발전, 신제품 연구개발을 위한 경우

2) 제품의 품질 상승, 원가절감, 능률 향상, 제품의 사양과 표준 통일 또는 전문화된 분업을 위한 경우

3) 중소 사업자의 경영능률을 제고하고 중소 사업자의 경쟁력을 높이기 위한 경우

4) 에너지 절약, 환경 보호, 재해 구조 등 사회공공이익을 위한 경우

5) 경제 불황, 매출량의 심각한 하락 또는 명백한 생산과잉을

완화하기 위한 경우
6) 대외무역과 대외 경제합작의 정당한 이익을 보장하기 위한 경우
7) 법률과 국무원이 규정하는 기타 상황

위 1)호 ~ 5)호의 상황에 해당하여 이 법 제13조, 제14조의 규정을 적용하지 아니하는 경우 사업자는 그가 한 협의가 시장경쟁을 심각하게 제한하지 않을 것이고 소비자로 하여금 그 협의로 인하여 발생한 이익을 향유할 수 있도록 할 수 있음을 증명하여야 한다.

중국 반독점법은 독점협의를 금지함에 있어 다른 세계 각국의 입법례와 경험을 참조하여 독점협의 금지의 예외조항을 명시적으로 규정하였다.

중국 반독점법 제15조 전단은 사업자가, 그들이 달성한 협의가 다음과 같은 일곱 가지 상황 중 하나에 속함을 증명하는 경우 동 법 제13조, 제14조 규정을 적용하지 아니라고 규정하여 다음과 같은 경우 독점협의가 금지되지 아니함을 밝히고 있다.

1. 기술의 발전, 신제품 연구개발을 위한 경우

2. 제품의 품질 상승, 원가절감, 능률 향상, 제품의 사양과 표준 통일 또는 전문화된 분업을 위한 경우

3. 중소 사업자의 경영능률을 제고하고 중소 사업자의 경쟁력을 높이기 위한 경우

위와 같은 세 가지의 경우는 모두 일반적으로 소비자의 이익을 증가시킬 수 있는 행위라고 판단되기 때문에 독점협의 금지의

적용을 배제하는 것으로 이해된다. 이 때 독점협의 금지의 적용을 배제하기 위하여는 협의의 범위, 참여자의 수 및 기타 요소 등을 종합적으로 검토하여 판단하여야 한다.

4. 에너지 절약, 환경 보호, 재해 구조 등 공공이익을 위한 경우

이 조항은 사회공공이익에 부합하는 행위의 경우 독점규제법의 적용을 배제할 수 있다는 규정으로 독일 독점규제법 제8조 제1항에서 그 근원을 찾을 수 있다.

5. 경제 불황, 매출량의 심각한 하락 또는 명백한 생산과잉을 완화하기 위한 경우

경제 위기 또는 심각한 생산 과잉 등의 경우 독점 규제의 적용을 완화하는 입법례가 적지 않으며 우리 나라 공정거래법 또한 '불황의 극복', '산업구조의 조정'의 경우 인가를 얻어 그 적용을 배제하는 조항을 두고 있다.[8)]

6. 대외무역과 대외 경제합작의 정당한 이익을 보장하기 위한 경우

중국 상품시장의 특성상 국제 시장에서 타 국가의 수출품에 비해 상품 수출 가격이 상당한 정도로 낮은 경우가 적지 않다. 이러한 경우 중국 기업들간의 협조 없이는 지나친 중국 기업간의 경쟁으로 인하여 수입국에서 반덤핑 소송을 당할 우려가 있으므로 국가 전체의 이익을 고려하여 이와 같은 조항을 규정한 것으로 이해된다.

---

8) 공정거래법 제19조 제2항, 시행령 제25, 26조 등 참조.

7. 법률과 국무원이 규정하는 기타 상황

포괄적 개념으로서 법률과 국무원이 규정하는 기타 상황의 경우에도 규제의 적용이 배제됨을 명시하고 있다. 현재까지 이와 관련된 규정이나 지침이 발표된 바는 없다.

한편 중국 반독점법은 위에서 명기한 1 내지 5의 경우 사업자는 위와 같은 상황에 해당함을 증명하는 것 외에 그가 한 협의가 '시장경쟁을 심각하게 제한하지는 않을 것'과 '그로 인해 소비자가 이익을 얻을 수 있다는 것'을 증명하여야 한다고 규정하고 있다.[9)]

그러나 위 규정의 형식이 상당히 모호하여 과연 시장경쟁이 '심각'하게 제한되지 않는다는 점과 소비자가 어느 정도의 이익을 얻을 수 있다는 점을 증명하여야 하는지에 대해 추후 상당한 논란이 예상되고 있다. 결국 이러한 점에 대하여는 추후 실시세칙 등에서 보완되어야 할 것으로 보인다.

제5절 업계협회의 독점협의

제16조 업계협회는 당해 업계의 사업자로 하여금 본 장이 금지하고 있는 독점행위를 하도록 조직(组织)하여서는 아니된다.

반독점법 제16조는 업계협회의 독점협의에 대하여 규정하고 있다.

---

9) 반독점법 제15조 후단.

Ⅰ. 업계협회의 개념

본 조항에서 규정하고 있는 업계협회가 무엇인지에 대하여 중국 법률상 명확한 통일적 규정은 존재하지 아니한다. 1998년에 반포된 '사회단체등기관리조례'(社会团体登记管理条列)가 있기는 하나 본 조항에서 규정하는 업계협회가 반드시 중국법상 등기를 요하는 사회단체를 의미한다고 보기는 어려우며 통상적으로는 그 명칭에 구애받지 아니하고 업계협회 또는 상회의 형식을 통해 업계 전체의 이익을 조율하는 단체로 봄이 상당하다고 이해되고 있다.[10] 따라서 여기에서 업계협회란 우리 나라 공정거래법에서 규율하고 있는 '사업자단체'의 개념과 유사한 것으로 이해할 수 있다.

전술한 바 있듯이 반독점법은 총칙 부분인 제11조에서 "업계협회는 업계의 자율을 강화하고, 해당 업계의 사업자들이 법에 따라 경쟁하도록 지도(指導)하며, 시장경쟁 질서를 수호하여야 한다"고 규정하고 있다. 위 조항이 반독점법의 총칙 부분에 규정되어 있는 반독점법의 체계로 볼 때 업계협회의 행위 전체가 반독점법의 규율 대상이 된다는 점을 명시적으로 표현하고 있다고 봄이 상당하다.

다만 업계협회라는 특성상 이를 하나의 사업자 혹은 시장경쟁에 있어서의 경쟁 단위로 규율하기 어렵기에 총칙에서는 업계협회의 의무에 대하여 선언적으로 규정하고 실질적인 규제는 각 장별로 별개의 조항을 통해 구체적으로 규율하고 있는 방식을 취하고 있는 것이다.

10) 商务部条法司编(尚明 主编), 전게서, 95쪽.

본 조항은 업계협회의 개별 회원을 규율하는 내용이 아니며 개별 회원은 사업자간의 독점협의 규제 조항으로 규율된다.

Ⅱ. 업계협회의 독점협의 조직 금지

반독점법 제16조는 업계협회가 당해 업계의 사업자로 하여금 독점행위를 하도록 조직(组织)하는 것을 금지하고 있다 반독점법 총칙에서는 동 법의 적용대상으로 '사업자'의 개념을 '상품의 생산, 경영 또는 서비스를 제공하는 자연인, 법인, 기타 조직'이라고 규정하고 있는바, 본 조항에서는 본 장, 즉 독점협의 규제에 있어 그 적용대상을 업계협회까지 넓히고 있는 것이다.

위 조항은 업계협회가 소속된 사업자로 하여금 본 장에서 규정된 독점협의에 따른 독점행위를 조직하는 것을 금지하는 것이 그 내용이다.[11] 우리 나라 공정거래법의 경우 사업자단체의 금지행위를 별도의 장(제6장)에서 구체적으로 명시하는 형태를 취하고 있으나 중국 반독점법의 경우 개별 사업자가 할 수 있는 모든 독점행위의 형태가 업계협회에 똑같이 금지되고 있는 것으로 규율의 범위가 보다 광범위하다.

제6절 위반행위에 대한 제재

사업자가 반독점법의 규정을 위반하여 독점을 협의하고 이에 따른 행위를 하는 경우 반독점법 집행기구는 불법행위의 정지를

---

11) 반독점법 원문에서는 '조직(组织)'이라는 표현을 사용하고 있는 바, 이는 알선, 협의, 구성 등을 포함하는 광의의 개념으로 이해하는 것이 상당하다고 보인다.

명하고 불법소득을 몰수하며 전년도 매출액의 1% 이상, 10% 이하의 행정벌금(罰款)을 부과한다. 독점협의를 하였으나 이에 따른 행위를 하지 아니한 경우에는 50만 위안(元, RMB) 이하의 행정벌금을 부과할 수 있다.

사업자가 자발적으로 반독점법 집행기구에 독점협의 관련 상황을 보고하고 중요한 증거를 제공하는 경우 반독점법 집행기구는 정상을 참작하여 사업자에 대한 처벌을 감경하거나 면제할 수 있다.

업계협회가 반독점법의 규정을 위반하여 당 업계 사업자간 독점협의를 하게 한 경우 반독점법 집행기구는 50만 위안(元, RMB) 이하의 행정벌금을 부과할 수 있다. 사안이 중한 경우 사회단체등록 관리기구가 법에 따라 등록을 말소할 수 있다.[12)]

위반행위에 대한 제재는 본서 제8장 독점행위의 법률책임 부분에서 상세히 설명하기로 한다.

12) 반독점법 제46조.

제4장

시장지배적 지위의 남용

제1절 시장지배적 지위의 개념

> **제17조(후단) 이 법에서 시장지배적 지위라 함은 관련시장에서 상품의 가격, 수량 또는 기타 거래조건을 통제할 수 있거나 다른 사업자의 관련시장 진출을 막거나, 진출에 영향을 미칠 수 있는 능력을 가진 사업자의 시장지위를 말한다.**

시장지배적 지위(市场支配地位)란 관련시장에 있어 상품가격, 수량 등을 통제하거나 다른 기업이 시장에 진입하는 것을 제한할 수 있는 능력을 가지고 있는 상태라고 할 수 있다. 따라서 시장지배적 지위에 있는지를 결정하는 것 또한 관련시장의 범위 획정이 선결되어야 가능하므로 관련시장의 획정은 독점규제법규 전반에 걸쳐 가장 중요한 기초적 개념이라고 할 수 있다.

완전경쟁시장의 기본적 개념요소는 상품의 가격, 수량이 수요와 공급이라는 두 가지 요인에 의하여 결정되는 것이다. 그러나 독과점시장과 같이 비록 형식적으로는 경쟁의 형태를 갖추고 있다고 하더라도 실질적으로 의미 있는 경쟁이 존재하지 않고 있는 경우 사업자들이 임의적으로 가격, 공급량 등을 결정할 수 있게 되며 이러한 사업자들의 능력이 바로 시장지배적 지위의 핵심이라고 할 수 있다.

따라서 시장지배적 지위라 함은 단순히 시장점유율 등의 형식적인 기준으로서만 판단할 수 있는 것이 아니라 전술한 바와 같은 시장에서의 결정능력이 기준이 되어야 한다. 우리 나라 공정거래법에서도 1999년의 제7차 개정 이전에는 시장지배적 사업자의 지위에 있는지 여부를 시장점유율과 공정거래위원회의 사전 지정・고시라는 형식적인 기준으로 결정하였으나 제7차 개정에서 현행 규정과 같이 실질적인 기준에 따라 시장지배적 사업자의 개념을 정의하게 되었다.

중국 반독점법은 제17조 후단에서 시장지배적 지위의 개념에 대하여 직접 정의를 내리고 있다. 동 법에 따르면 시장지배적 지위란 '관련시장에서 상품의 가격, 수량 또는 기타 거래조건을 통제할 수 있거나 다른 사업자의 관련시장 진출을 저지 또는 시장진출에 영향을 미칠 수 있는 능력이 있는 시장에서의 지위'이다.

결국 시장지배적 지위를 가지고 있는지 여부를 결정하는데 있어서도 관련시장의 획정이 중요한 개념요소가 되는 바, 관련시장의 획정에 있어 가장 중요한 개념은 '상품'과 '지역'으로, 일반적으로 관련시장을 획정하는 순서는 먼저 상품을 확정한 후 지역범위에 대한 고려를 통해 최종적인 '관련시장'의 범위를 결정하는 것으로 이해되고 있다. 관련시장에 대하여는 제2장 총칙 부분에서 설명하였으므로 자세한 내용은 생략하도록 한다.

시장경제에 있어 참여자, 즉 각 사업자의 목표는 시장에서의 경쟁력 제고를 통한 이익추구의 극대화이므로 결국 시장에서의 지배력을 높이려는 행위 자체가 바로 '경쟁'이라고 볼 수 있는 것이다. 따라서 시장지배력을 지니려고 하는 사업자의 각 행위는 시장경제의 본질적 요소이며, 중국 또한 사회주의 시장경제를 채택하고 있으므로 다른 시장경제체제 국가와 마찬가지로 시장지배력 자체를 직접 규율하는 것이 아니라 이러한 시장지배력을 남용하여 부당하게 경쟁을 배제, 제한하는 경우에만 규제를 가하는 법체계를 갖추고 있는 것이다

제2절 금지되는 시장지배적 지위 남용행위

제17조 시장지배적 지위에 있는 사업자의 다음과 같은 시장지배적 지위 남용행위를 금지한다.

1) 불공정한 고가로 상품을 판매하거나 불공정한 저가로 상품을 구입하는 행위
2) 정당한 이유 없이 상품을 원가 이하의 가격으로 판매하는 행위
3) 정당한 이유 없이 거래 상대방과의 거래를 거부하는 행위
4) 정당한 이유 없이 거래 상대방으로 하여금 자신과만 거래하거나 자신이 지정한 사업자와만 거래하도록 제한하는 행위
5) 정당한 이유 없이 상품을 끼워팔거나 불합리한 거래조건을 부가하는 행위
6) 정당한 이유 없이 동등한 조건의 거래자에 대하여 거래가격 등 거래상 차별대우를 하는 행위
7) 국무원 반독점법 집행기구가 인정하는 기타 시장지배적 지위 남용행위

중국 반독점법 제17조는 1) 불공정한 가격 결정, 2) 덤핑, 3) 거래 거절, 4) 거래 상대 제한, 5) 끼워팔기 등 거래조건 부가, 6) 차별대우 7) 기타 반독점법 집행기구가 정하는 사유 등 일곱 가지 측면에서 사업자의 시장지배적 지위 남용행위를 금지하고 있다.

중국 반독점법에서 규정하고 있는 시장지배적 지위의 남용행위는 주로 '가격'과 '거래'의 통제와 관련된 것이다. 특기할 만한 점은 우리 나라 공정거래법에서 들고 있는 '상품의 판매 또는 용역의 제공을 부당하게 조절하는 행위', 즉 출고조절행위(공정거래법 제3조의 2 제1항 제2호)와 '소비자의 이익을 현저히 저해할 우려가 있는 행위'(공정거래법 제3조의 2 제1항 제5호) 등이 규정되어 있지 아니한 점이다.

출고조절행위의 경우 수요와 공급에 의해 가격이 결정된다는 시장경제의 특성상 가격남용이 수반되지 않는 공급량 조절은 반독점법의 규제 범위에 넣지 않겠다는 입법상의 고려로 받아들여야 할 것이며 일응 수긍할 만하다.

또한 소비자 이익 저해행위의 경우 우리 나라에서도 동 조항이 명확성의 원칙에 위반될 우려가 있으며 남용행위의 유형을 한정적으로 열거하고 있는 공정거래법 제3조의 2 제1항의 의미를 형해화시킬 우려가 있다는 비판이 제기[1)]되고 있는 점을 고려할 때 중국 반독점법에서 이를 규정하고 있지 아니한 것은 타당하다고 판단된다.

반독점법이 금하고 있는 시장지배적 지위의 남용행위를 명확히 알기 위하여는 우선 반독점법에서 말하고 있는 '시장지배적 지위'가 어떠한 경우를 뜻하는 것인지를 명확히 하여야 한다. 전

1) 임영철, 전게서, 29쪽.

술한 바 있듯이 반독점법은 시장지배적 지위란 '관련시장에서 상품의 가격, 수량 또는 기타 거래조건을 통제할 수 있거나 다른 사업자의 관련시장 진출을 막거나 진출에 영향을 미칠 수 있는 능력을 가진 사업자의 시장지위'라고 그 개념을 명확히 정의하고 있다. 이하에서 반독점법이 들고 있는 시장지배적 지위 남용의 예를 살펴보기로 한다.

Ⅰ. 불공정한 가격 결정

반독점법 제17조 제1호는 시장지배적 지위 남용의 예로 "불공정한 고가로 상품을 판매하거나 불공정한 저가로 상품을 구입하는 행위"를 들고 있다.

이러한 행위는 시장지배적 지위 남용의 가장 전형적인 경우라고 할 수 있다. 다만 이 경우 "불공정한 고가", "불공정한 저가"를 어떻게 판단하느냐의 문제가 생긴다. 일반적으로는 시장지배적 지위에 있는 기업이 그 지배적 지위를 이용하여 상품 혹은 서비스가격을 경쟁수준보다 확연히 비싸게 팔거나 일반적인 매입가격보다 확연히 저가로, 심지어는 상품원가보다도 저가로 매입하는 경우를 말한다고 이해된다.

Ⅱ. 불공정한 저가 판매

반독점법 제17조 제2호는 시장지배적 지위 남용의 예로 "정당한 이유 없이 상품을 원가 이하의 가격으로 판매하는 행위"를 들고 있다.

여기서의 '정당한 이유'는 계절상품의 당해 계절이 도과되었을 경우, 신선 상품 혹은 리퍼비시 상품 등의 처리를 위한 경우 등을 말한다.

이와 같은 저가판매, 즉 덤핑 행위는 일시적으로 판매자의 손해를 가져올 수 있으나 덤핑으로 인해 경쟁자들로 하여금 도산 등으로 시장에서 축출한 후 시장독점 상태에 이르면 이후 판매가격을 상승시킴으로써 폭리를 취할 수 있다는 점에서 시장경쟁을 해할 수 있다. 따라서 이와 같은 행위 또한 시장지배적 지위의 남용으로 볼 수 있는 것이므로 어떠한 사업자가 원가 이하로 상품을 판매하는 경우 본 조항에 해당하는 것인지 여부는 당해 사업자에게 관련시장의 경쟁자들을 고사시키려는 목적이 있는 것인지, 아니면 당해 사업자에게 다른 부득이한 사유가 있는지를 살펴보아야 할 것이다.

Ⅲ. 거래 거절

반독점법 제17조 제3호는 시장지배적 지위 남용의 예로 "정당한 이유 없이 거래 상대자와의 거래를 거부하는 행위"를 들고 있다.

기본적으로 사적 자치라는 민법의 전제하에서 어떠한 상대와 거래를 할 것인지 여부를 결정하는 것은 사업자의 자유의사에 달려 있다. 따라서 거래 상대방의 선택을 통한 특정 사업자와의 거래 거절행위가 모두 본 조항의 규제 대상은 아니며 본 조항에 있어서의 '정당한 이유'의 해석은 다른 조항과는 약간 다른 각도에서 검토되어야 할 것이다.

본 조항에서 규정하는 거래 거절의 전형적인 예로는 희귀한 원재료를 독과점하고 있는 사업자가 그 원재료의 공급을 통해 그 원재료가 필요한 다른 사업자들을 통제하는 경우를 들 수 있을 것이다. 이러한 경우 원재료를 보유하고 있는 사업자가 특정한 사업자에게 별다른 이유 없이 원재료의 판매를 거부한다면 그 사업자로서는 정상적인 생산활동을 영위하기 어렵기 때문이다.

Ⅳ. 거래 상대 제한

반독점법 제17조 제4호는 시장지배적 지위 남용의 예로 "정당한 이유 없이 거래상대방으로 하여금 자신과만 거래를 할 수 있도록 하거나 자신이 지정한 자와만 거래를 할 수 있도록 한정하는 행위"를 들고 있다.

이러한 행위 또한 시장에서의 경쟁을 부당하게 해할 수 있는 가능성이 높으므로 정당한 이유가 없는 한 시장지배적 행위의 남용이라고 보는 것이다. 여기에서의 정당한 이유는 상품의 품질, 가격, 공급조건, 운수원가 등을 종합적으로 살폈을 때 상업상 정당한 이익의 추구를 위한 경우라고 이해하면 될 것이다.[2]

Ⅴ. 끼워팔기 등 거래조건 부가

반독점법 제17조 제4호는 시장지배적 지위 남용의 예로 "정당한 이유 없이 상품을 끼워팔거나 불합리한 거래조건을 부가하는 행위"를 들고 있다.

끼워팔기는 특정 상품을 판매하면서 시장에서의 지명도가 높지 않은 상품이나 이월상품 등을 함께 묶어 판매함으로 인해 판

2) 商务部条法司编(尚明 主编), 전게서, 108쪽.

매행위 자체에 들어가는 원가를 절감하고 끼워파는 상품의 지명도를 높일 수 있는 등 경영상의 효율성을 높일 수 있고, 상품 구매자의 입장으로서는 구매의 편의 상승과 구매가격을 절약할 수 있는 가능성이 있는 등 긍정적인 측면이 있으므로 여러 가지 상품을 묶어서 판매한다고 하여 그 자체로 시장의 경쟁을 해한다고 볼 수는 없다. 그러나 특정 상품의 대체성이 크지 아니한 경우 끼워파는 대상 상품이 소비자의 입장에서 구매할 필요성이 없거나 극히 적다면 소비자의 이익을 해하게 되므로 이러한 행위를 시장지배적 지위의 남용으로 규제할 필요가 있는 것이다.

Ⅵ. 차별대우

반독점법 제17조 제4호는 시장지배적 지위 남용의 예로 "정당한 이유 없이 동등한 조건의 거래 상대방에게 거래가격 등 거래조건에 있어 차별대우를 하는 경우"를 들고 있다.

시장지배적인 사업자가 정당한 이유 없이 동등한 조건을 가지고 있는 거래 상대방에게 공급하는 상품의 가격이나 거래조건 등에 있어 특별히 유리하거나 특별히 불리한 차별대우를 하는 것은 거래 상대방 사이의 경쟁을 제한하는 행위이므로 본 조항에서 규율하고 있는 것이다.

여기서의 차별대우란 가격, 부품공급, 거래시기, 담보 등 거래조건을 포함하는 개념이다.

Ⅶ. 법률과 국무원이 규정하는 기타 상황

반독점법은 시장지배적 지위의 남용 부분에서도 역시 포괄적 개념으로서 법률과 국무원이 규정하는 경우를 규정하여 시장경제의 변화에 따른 새로운 시장지배적 남용이 발생할 경우 이를 규율할 수 있는 여지를 남겨두고 있다. 그러나 현재까지 이와 관련된 규정이나 구체적인 지침이 발표되지는 아니하였다.

제3절 시장지배적 지위의 인정 요소

> **제18조 사업자의 시장지배적 지위는 다음과 같은 요소에 의하여 인정하여야 한다.**
> **1) 관련시장에서의 당해 사업자의 시장점유율 및 관련시장의 경쟁상황**
> **2) 당해 사업자의 판매시장, 원자재 구매시장을 통제할 수 있는 능력**
> **3) 당해 사업자의 재력과 기술적 조건**
> **4) 다른 사업자들의 당해 사업자에 대한 거래상 의존도**
> **5) 다른 사업자들의 관련시장 진출 난이도**
> **6) 당해 사업자의 시장지배적 지위 인정과 관련된 기타 요소**

중국 반독점법에서는 우리 나라 공정거래법과는 달리 법 자체에서 각 사업자가 시장지배적 지위를 가지고 있는지를 결정하는데 필요한 인정 요소를 직접 규정하고 있다. 반독점법 제18조가 규정하고 있는 시장지배적 지위의 인정 요소는 다음과 같다.

Ⅰ. 관련시장에서의 당해 사업자의 시장점유율 및 경쟁 상황

당해 사업자의 시장점유율은 시장지배적 지위를 인정하는데 있어 가장 큰 요소임은 분명하다. 그러나 시장지배적 지위가 반드시 시장점유율의 절대적 수치에 의하여만 결정될 수 있는 것은 아니다. 시장점유율이 50%를 넘지 않는 경우라고 하더라도 당해 사업자를 제외한 다른 경쟁 사업자들의 각 시장점유율이 매우 적다면 당해 사업자의 관련시장에서의 영향력은 지배적일 수 있기 때문이다. 따라서 당해 사업자의 시장점유율뿐 아니라 관련시장의 경쟁상황이 어떠한지도 중요한 인정요소가 된다.

Ⅱ. 당해 사업자의 판매시장, 원자재 구매시장 통제능력

당해 사업자가 판매시장 또는 원자재 구매시장을 통제할 수 있는 능력이란 당해 사업자가 거래 상대방 사업자들을 완벽하게 지배할 수 있는 구조적 능력을 말하는 것이 아니라 관련시장에서 생산력 등의 조절을 통해 상품의 가격, 생산량, 판매량 등에 영향을 미칠 수 있는 능력을 말한다.

Ⅲ. 당해 사업자의 재력, 기술적 조건

당해 사업자에게 경쟁자보다 월등한 경제력이나 기술이 있는 경우 시장을 통제할 수 있는 능력이 있으므로 시장지배적 지위가 있다고 할 수 있다. 다만 후술하는 바와 같이 지적재산권의 경우 반독점법의 적용이 배제되므로 여기에서의 기술적 조건이란 특허권 등을 제외한 단순한 기술적인 능력을 의미한다.

Ⅳ. 다른 사업자들의 당해 사업자에 대한 거래상 의존도

다른 사업자들이 당해 사업자에게 거래상 의존도가 높다면 당해 사업자로서는 실질적으로 시장을 통제할 수 있게 되므로 이와 같은 경우 시장지배적 지위를 인정할 수 있게 된다.

Ⅴ. 다른 사업자들의 관련시장 진출 난이도

다른 사업자들의 관련시장 진출 난이도는 시장지배적 지위를 인정하는데 있어 매우 중요한 요소이다. 특정 사업자의 시장점유율이 대단히 높다고 하더라도 다른 사업자가 관련시장에 진출하는 것이 매우 용이하다면 시장점유율이 높은 사업자가 그 지배적 지위를 이용하여 가격을 높이거나 독점이윤을 얻기 어렵기 때문이다.

신규 사업자들의 시장진입이 용이하다면 시장점유율이 높은 사업자의 시장을 지배할 수 있는 능력은 일시적인 것에 불과하다고 볼 수밖에 없으므로 이를 시장지배적 지위라고 볼 수는 없을 것이다.

Ⅵ. 당해 사업자의 시장지배적 지위 인정과 관련된 기타 요소

반독점법은 위에서 열거한 다섯 가지 요소만으로 시장지배적 지위를 인정하기 어려울 수 있음을 인정하고 포괄적인 의미의 '기타 요소'를 들어 그때 그때 관련시장의 상황에 따라 시장지배적 지위를 인정할 수 있는 개념요소를 보완할 수 있도록 규정하고 있다.

제4절 시장지배적 지위의 추정

Ⅰ. 시장점유율에 의한 추정

> **제19조(전단)** **아래 상황 중 하나에 해당하는 사업자는 시장지배적 지위에 있다고 추정될 수 있다.**
>
> **1) 관련시장에서 한 사업자의 시장점유율이 1/2에 달하는 경우**
>
> **2) 관련시장에서 두 사업자의 시장점유율 합계가 2/3에 달하는 경우**
>
> **3) 관련시장에서 세 사업자의 시장점유율 합계가 3/4에 달하는 경우**
>
> **제2)호, 제3)호가 규정한 상황에서 시장점유율이 1/10에 미달하는 사업자가 있는 경우 당해 사업자는 시장지배적 지위에 있다고 추정되지 아니한다.**

반독점법이 위에서 살펴 본 바와 같이 시장지배적 지위를 인정하기 위한 개념적 요소들을 직접 법률에서 상세히 규정하고 있기는 하나 늘 개별적으로 위와 같은 요소를 고려하여 시장지배적 지위가 있는지 여부를 결정하는 것은 효율적이지 않을 것이다. 따라서 반독점법은 특정한 경우 시장지배적 지위가 있다고 추정하는 입법례를 취하고 있다.

우리 나라 또한 이와 마찬가지의 입법례를 취하고 있는데 공정거래법 제4조에서 특정 거래분야에서 매출액 또는 구매액이 40억원 이상인 사업자의 경우 한 사업자의 시장점유율이 50% 이상이거나 셋 이하의 사업자의 시장점유율의 합계가 75% 이상인 경우(단, 시장점유율이 10% 미만인 자는 제외) 시장지배적 사업자로 추정하고 있다.

중국 반독점법 제19조는 1) 관련시장에서 한 사업자의 시장점유율이 1/2 이상인 경우, 2) 관련시장에서 두 사업자의 시장점유율 합계가 2/3 이상인 경우, 3) 관련시장에서 세 사업자의 시장점유율 합계가 3/4 이상인 경우를 들고 있으며, 다만 2), 3)호의 경우 시장점유율이 1/10 미만인 사업자의 경우 시장지배적 지위의 추정을 배제하고 있다.

앞서 우리 나라 공정거래법의 예에서도 볼 수 있듯이 세계 각국의 독점규제에 관련된 법률 중 상당수가 한 사업자의 시장점유율을 통해 시장지배적 지위를 추정하는데 그치지 아니하고 둘 이상 사업자의 시장점유율이 높은 경우 또한 시장지배적 지위를 추정하고 있다. 이는 두 개의 서로 다른 기업이 설령 경쟁관계에 있을 수 있다고 하더라도 그 다수의 기업의 시장점유율의 합산이 관련시장에서 지나치게 높을 경우 기업들간의 협의에 따라 시장지배적인 지위를 차지할 수 있으며 이를 통해 지배적 지위를 남용할 수 있기 때문이다.

중국 반독점법의 시장지배적 지위 추정에 있어 시장점유율의 구체적 수치는 우리 나라 공정거래법과 약간 다르지만 규정 형태는 대동소이하며, 다만 우리 나라의 경우 매출액 또는 구매액이 40억원 이상인 사업자의 경우에만 위와 같이 시장지배적 지위를 추정하는데 반해, 중국 반독점법의 경우 사업자의 매출액 또는 구매액 규모를 불문하고 일정 이상의 시장점유율을 보유하고 있으면 시장지배적 지위를 추정하는 점이 상이하다.

Ⅱ. 추정의 배제

> 第19조(후단) **시장지배적 지위에 있는 것으로 추정되는 사업자가 시장지배적 지위가 없다는 것을 입증하는 경우 당해 사업자에 대하여는 시장지배적 지위를 인정하지 아니한다.**

한편, 중국 반독점법 第19조 후단은 시장점유율에 의한 시장지배적 지위의 추정이 배제되는 경우에 대하여 규정하고 있다.

동 규정에 의하면 시장지배적 지위에 있는 것으로 추정되는 사업자가 증거로서 시장지배적 지위가 없다는 것을 증명한 경우에는 시장지배적 지위에 있다고 인정하지 말아야 한다.

당해 사업자는 위와 같은 점유율의 근거한 추정 조항에 의하여 시장지배적 지위에 있다고 추정되는 경우 여러 가지 증거를 통해 자신이 시장지배적 지위를 지니고 있지 아니함을 입증할 수 있는 것이다. 이와 같은 추정배제는 당해 사업자의 권리라고 봄이 상당하다.

제5절 위반행위에 대한 제재

사업자가 반독점법의 규정을 위반하여 시장지배적 지위를 남용한 경우 반독점법 집행기구는 불법행위의 정지를 명하고 불법소득을 몰수하며 전년도 매출액의 1% 이상, 10% 이하의 행정벌금(罰款)을 부과한다.[3)]

위반행위에 대한 제재는 본서 제8장 독점행위의 법률책임 부분에서 상세히 설명하기로 한다.

3) 반독점법 제47조.

제5장

사업자집중

사업자집중은 중국 반독점법상의 개념으로 우리 나라의 '기업결합'에 해당한다.

우리 나라 공정거래법은 제3장에서 '기업결합의 제한 및 경제력집중의 억제'라는 제목하에 기업간의 결합 및 이에 따른 경제력의 집중으로 인한 시장경쟁의 훼손을 규제하고 있으나, 중국 반독점법에서는 제4장에서 '사업자집중'이라는 제목하에 기업간의 결합이 일정한 요건을 구성하는 경우 해당 정부부처에 기업결합을 신고하고 이에 대한 심사를 거쳐 승인 내지 불승인 결정에 따라 기업결합을 실시할 수 있도록 규제하고 있음에 그치고 우리 나라 공정거래법에서 규율하는 지주회사 등의 행위제한, 상호출자의 금지, 출자총액의 제한, 계열회사에 대한 채무보증의 금지, 대규모 내부거래의 이사회 의결 및 공시 등에 대하여는 별도의 규정을 두지 아니하고 있다.

이하에서는 기업결합이라는 용어 대신 중국 반독점법에서 사용하고 있는 '사업자집중'이라는 용어를 사용하여 중국 반독점법 규정에 대하여 알아보기로 한다.

사업자집중을 통제하는 것은 독점규제에 있어 가장 중요한 내용 중의 하나이다. 사업자집중의 통제는 독점협의금지, 시장지배적 지위의 남용금지와 더불어 현대 독점규제법규의 3대 이슈라고 이해되고 있으며 특히 국제적인 M&A가 활성화되어 있는 현재 세계 각국의 가장 큰 관심사라고 할 수 있다.

해당 부분에서 상설하겠으나 중국 반독점국은 반독점법 시행 후 2009년 3월 18일 처음으로 코카콜라사의 중국 훼이위앤 지분 인수에 대해 사업자집중 금지 결정을 하였으며, 이에 대하여 각국 언론에서 비판조의 논평을 한 바 있다. 이와 같은 사업자집중 금지 결정은 당해 기업의 중국 진출 자체를 억제하는 강력한 효과를 지니고 있으므로 사업자집중 심사 결정에 대해 사회의 관심이 쏟아지는 것은 당연한 귀결이라 하겠다.

사업자집중의 특이한 점은 독점을 규제하는 방법에 있어 예방적 효과를 지닌다는 점이다.

독점협의에 대한 규제나 시장지배적 지위의 남용에 대한 규제는 모두 이미 시장에서 일정한 지배적 지위를 가지고 있는 기업 내지 기업들간의 협의에 따라 발생한 독점성 행위에 대한 사후 구제수단에 불과하나 사업자집중에 대해 정부의 심사를 통해 승인, 불승인 여부를 결정하여 일정한 기준에 달할 경우 사업자집중 자체를 막는 것은 독점으로 인한 폐해를 사전에 막을 수 있다는 점에서 예방적 규제조치라 할 수 있으며, 따라서 가장 강력한 효과를 지닐 수 있다.

반면에 아직 당해 사업자가 시장에서 구체적인 독점성 행위를 하지 않았다는 측면에서 바라본다면 지나치게 시장경쟁을 억제한다는 비판을 받을 소지가 있는 규제형태라고도 할 수 있는 것이다. 따라서 이와 같은 두 가지 측면을 종합적으로 고려하여 사업자집중 금지 여부를 신중히 결정하여야 할 것이며, 법률적 규제 또한 이와 같은 전제하에서 합리적인 내용으로 이루어져야 할 것이다.

중국 반독점법은 제3장에서 사업자집중의 개념, 신고의무, 신고의 예외, 신고시 필요한 서류와 자료, 반독점집행기구의 심사절차, 사업자집중의 심사요소, 심사결과, 외자기업의 경우에 대한 특칙 등에 대하여 규정하고 있다. 이하에서 살펴보기로 한다.

제1절 사업자집중의 개념

제20조 사업자집중이라 함은 아래와 같은 상황을 말한다.

1) 사업자간의 합병

2) 지분이나 자산 취득 방식을 통한 다른 사업자에 대한 통제권 취득

3) 계약 등의 방식을 통한 다른 사업자에 대한 통제권 취득 또는 결정적인 영향력 확보

중국 반독점법 제20조는 사업자집중의 개념을 정의하면서, 다음과 같은 세 가지 경우를 예로 들어 설명하고 있다.

Ⅰ. 사업자간의 합병

중국 반독점법에서 첫번째로 들고 있는 사업자집중의 예는 사업자간의 합병이다. 여기에서 말하는 '합병'이 무엇인가에 관하여 반독점법은 구체적으로 설명하지 않고 있으나 체계상 중국 회사법(公司法)에서 설명하는 '합병'으로 이해함이 상당할 것이다.

중국 회사법 제173조는 회사의 합병을 흡수합병과 신설합병의 두 가지로 나누어 흡수합병이란 하나의 회사가 다른 회사를 흡수하고 흡수되는 회사는 해산되는 것이며, 신설합병이란 둘 이상의 회사가 새로운 하나의 회사를 설립하고 기존의 회사들은 모두 해산하는 것이라고 정의내리고 있다. 또한 중국 회사법 제175조는 이와 같이 합병할 경우 합병 당사자들의 채권, 채무는 당연히 합병 후 존속하는 회사 혹은 신설되는 회사에 승계된다고 규정하고 있다.

Ⅱ. 지분이나 자산 취득 방식을 통한 통제권 취득

중국 반독점법에서 두번째로 들고 있는 사업자집중의 예는 지분이나 자산을 취득하는 방식으로 다른 사업자에 대한 통제권을 취득하는 경우이다. 여기에서 지분이나 자산을 취득하는 방식에 있어서 특별한 형태적 표준은 없다.

다른 사업자 내지 기업의 지분을 취득하는 경우 직접적으로 다른 사업자를 지배할 수 있게 되며 이러한 지분 취득 방식은 가장 전형적인 기업결합의 방식이라고 할 수 있다. 따라서 세계 각국의 독점규제에 관한 법률에는 예외 없이 이러한 내용이 들어가 있다.

한편 중국 반독점법은 다른 사업자의 자산 취득을 통한 통제권 취득 또한 사업자집중에 해당한다고 규정하고 있으므로 이에 대해 자세히 살펴보아야 할 필요가 있다.

다른 사업자의 자산을 취득함으로 인하여 그 사업자를 통제할 수 있게 되는 행위를 사업자집중, 즉 기업결합의 정의에 포함시키기 위하여는 먼저 '자산'의 개념을 어떻게 정의할 것인지가 결정되어야 한다.

우리 나라 공정거래법의 경우 제7조에서 제한되는 기업결합의 예를 들며 그 중 하나로 "영업용 고정자산의 전부 또는 주요부분의 양수"를 규정하고 있는데 중국 반독점법의 경우 단지 '자산'이라는 표현만을 사용하고 있기 때문에 반독점법상 자산취득을 통한 사업자집중과 통상적인 경우의 일반적 기업간 자산거래를 어떻게 구분할 수 있는지가 문제된다.

이에 대하여 반독점법 또는 시행규정 등에서 명확한 해석을 하지는 않고 있으나 동 법에서 자산의 취득을 통한 '통제권 취득'이라고 사업자집중의 개념을 한정짓고 있는 점으로 볼 때 여기에서의 자산 취득 또한 일반적인 매매를 말하는 것은 아니라고 판단된다. 이는 동 법이 용어의 선택에 있어 '재산(財産)'이 아닌 '자산(資産)'이라는 개념을 선택하고 있는 것으로 보아도 알 수 있다.

결국 '자산의 취득을 통한 통제권 취득'인지 여부는 사업자간의 자산거래시 거래액수, 거래되는 자산의 속성이 영업 또는 생산의 중요한 요소인지 여부, 거래되는 자산과 경영자의 관계 등을 종합적으로 고려하여 인정되어야 할 것으로 보인다.[1]

Ⅲ. 계약 등의 방식을 통한 통제권 혹은 영향력 취득

중국 반독점법에서 마지막으로 들고 있는 사업자집중의 예는 계약 등의 방식을 통해 다른 사업자에 대한 통제권을 취득하거나

---

1) 商务部条法司编(尚明 主编), 전게서, 174쪽.

결정적인 영향력을 확보하는 것이다.

본 조항에서는 계약 '등'이라는 표현을 사용함으로써 반드시 계약을 통하지 아니하더라도 다른 방법을 통해 실질적으로 다른 사업자에 대한 지배력을 획득하거나 다른 사업자의 행위에 결정적인 영향력을 행사할 수 있는 지위를 얻을 수 있게 된다면 이 또한 사업자집중에 해당하는 것으로 규정하고 있으므로 이는 일종의 포괄조항으로서의 성격을 지니고 있다고 볼 수 있다.

따라서 통제권 내지 결정적 영향력을 취득하는 수단은 계약뿐 아니라 새로운 기업의 설립,[2] 임원겸임, 인사권을 통한 간접지배, 지적재산권에 대한 사용허가를 통한 간접지배 등 여러 가지가 있을 수 있다. 다만 이와 같은 각종 수단으로 인해 실질적으로 통제권 혹은 결정적 영향력을 취득할 수 있는지 여부에 대하여 법률에 구체적인 기준이 없다면 반독점법 심사에 있어 심사기관의 자의적인 해석에 의한 폐해가 생길 수 있으므로 이를 보충하는 규정의 필요성이 존재한다.

이와 관련하여 중국 국무원은 2008년 8월 3일자로 〈사업자집중 신고 표준에 관한 규정(国务院关于经营者集中申报标准的规定)〉을 공포, 시행하였으며 현재 〈사업자집중 신고 임시방법 의견모집안(经营者集中申报暂行办法 征求意见稿)〉을 만들어 세부적인 조정작업에 들어가 있는 상태이다.

위 사업자집중신고 임시방법 의견모집안 제3조에서는 위에서 언급한 '통제권'을 좀더 구체화하고 있는데, 동 조항은 반독점법 제20조 제2항, 제3항에서 규정하는 "기타 경영자들에 대한 통제

2) 기존의 기업과 외국인 투자자가 새로운 합영기업을 설립하고 기존 기업이 보유하고 있는 대부분의 자산을 출자하는 경우 외국인 투자자는 간접적인 방식으로 기존의 기업에 대해 통제력을 행사할 수 있을 것이다.

권의 취득"이란 1) 다른 사업자의 50% 이상의 표결권이 있는 지분 또는 자산을 취득하는 경우, 2) 다른 사업자의 50% 이상의 표결권이 있는 지분 또는 자산을 취득하지는 못하였으나 지분 또는 자산취득을 통하거나 계약 등을 통해 한 명 이상의 이사회 구성원과 핵심 관리자의 임명, 재무, 예산, 경영판매, 가격결정, 중대한 투자 또는 기타 중요한 관리와 경영정책 등을 결정할 수 있는 경우를 포함하며 둘 이상의 사업자가 공동으로 새로운 기업을 설립하는 경우 반독점법 제20조에서 규정하는 사업자집중에 해당한다고 규정하고 있다.

전술한 바 있는 내용들이 비교적 충실하게 들어가 있다고 볼 수 있으며 공청회 등을 거쳐 구체적인 내용은 조정될 여지가 있을 것이다.

제2절 사업자집중의 신고

Ⅰ. 신고 의무

제21조 사업자집중이 국무원이 규정한 신고표준에 달하는 경우 사업자는 사업자집중 전에 국무원 반독점법 집행기구에 신고하여야 하며, 신고하지 아니하는 경우 사업자집중을 실시하지 못한다.

반독점법 제21조는 사업자집중이 국무원이 규정한 신고표준에 달하는 경우 사업자는 사업자집중 전에 국무원 반독점 집행기구에 신고하여야 하고, 신고하지 아니하는 경우에는 사업자집중을 실시하지 못하도록 규정하고 있다.

우리 나라 공정거래법의 경우 사후신고를 원칙으로 하되[3] 기업결합 당사회사 중 하나 이상의 회사가 자산총액 또는 매출액의 규모가 2조원 이상의 대규모 회사인 경우에는 임원겸임이 아닌 한 합병계약을 체결한 날 등 대통령령이 정하는 날부터 30일 이내에 사전신고를 하여야 하는 것으로[4] 규정하고 있으나, 중국 반독점법은 사전신고원칙을 천명하고 있으므로 일정한 신고기준에 해당하는 경우 당해 사업자는 반드시 반독점법 집행기구에 사업자집중을 신고하여야 한다.

여기에서 말하는 국무원 반독점집행기구는 전술한 바 있듯이 상무부 산하의 반독점국이다. 신고표준에 대하여는 다음 항에서 설명하기로 한다.

Ⅱ. 신고표준

반독점법은 신고표준을 국무원의 규정에 위임하는 형식을 취하고 있다. 경제의 발전 및 시장규모의 확대에 따라 기업결합심사가 필요한 신고표준이 달라질 수 있으므로 융통성 및 효율성의 측면에서 위임입법을 채택한 것으로 보인다.

이에 따라 전술한 바 있듯이 국무원은 2008년 8월 3일 〈사업자집중 신고표준에 관한 규정(国务院关于经营者集中申报标准的规定)〉을 공포, 시행하였으며 이에 따르면 당국에 신고하여야 하는 사업자집중의 기준은 다음과 같다.[5]

---

3) 공정거래법 제12조 제6항 본문.
4) 공정거래법 제12조 제6항 단서.
5) 동 규정 제3조.

1) 사업자집중에 참여한 모든 사업자의 직전 회계년도 전세계 영업액이 합계 100억 위안을 초과하고, 그 중 최소 2개 사업자의 직전 회계년도 중국 역내 영업액이 각 4억 위안을 초과하는 경우 사업자집중을 신고하여야 한다.

2) 사업자집중에 참여한 모든 사업자의 직전 회계년도 중국 역내 영업액이 합계 20억 위안을 초과하고, 그 중 최소 2개 사업자의 직전 회계년도 중국 역내 영업액이 각 4억 위안을 초과하는 경우 사업자집중을 신고하여야 한다.

위와 같은 기준에서 사용하고 있는 '중국 역내', '영업액' 등 관련 개념에 대하여는 동 규정 내에서 구체적으로 명시하지 아니하고 있다. 다만 영업액의 경우 은행, 보험, 증권, 선물 등 특수업종과 중국 내의 실제 상황을 고려하여 구체적인 방법은 국무원 관련 부문에서 제정하도록 위임하고 있다.

아직까지 이에 따른 보충적 규정이 시행되지는 않고 있으나 위에서 언급한 〈사업자집중신고 임시방법 의견모집안(经营者集中申报暂行办法 征求意见稿)〉에 따르면 '영업액'이란 관련 사업자가 그 전의 1회계년도에 판매한 제품과 서비스로 획득한 수입에 각종 세금 등을 공제(단 기업소득세와 공제가 허용된 증치세[6]는 제외)한 것이며, '중국 역내'에는 홍콩, 마카오, 대만 지역은 포함되지 않는다.[7]

동 의견모집안은 영업액의 계산에 관하여 집중에 참여한 사업자의 영업액은 ① 당해 사업자의 영업액, ② 당해 사업자가 직접 또는 간접적으로 통제하고 있는 다른 사업자의 영업액, ③ 당

6) 증치세(增值税)는 우리 나라의 부가가치세에 해당한다.
7) 동 의견모집안 제4조.

해 사업자를 직접 또는 간접적으로 통제하고 있는 다른 사업자의 영업액, ④ 당해 사업자를 통제하고 있는 ③항의 사업자를 직접 또는 간접적으로 통제하고 있는 다른 사업자의 영업액, ⑤ 위 ① 내지 ④의 사업자 중 둘 혹은 둘 이상의 사업자가 공동으로 통제하고 있는 다른 사업자의 영업액 모두를 합산한 것이라고 규정하고 있다.[8)]

위 의견모집안에서는 구체적인 영업액의 계산방식에 대하여도 다루고 있으나 아직 의견모집단계에 불과하므로 본서에서는 그 구체적인 내용에 대하여는 생략하기로 한다.

한편 위 사업자집중신고 임시방법 의견모집안에서는 동일한 사업자간 1년 이내에 신고표준에 미달한 사업자집중이 수 차례 발생하는 경우 그 수 차례의 사업자집중에 관련된 거래를 모두 합산하여 신고표준에 달하는지 여부를 결정하도록 되어 있다.[9)]

Ⅲ. 신고의 예외

> **제22조 사업자집중이 아래 상황 중 하나에 해당하는 경우 국무원 반독점법 집행기구에 신고하지 않을 수 있다.**
> **1) 집중에 참여하는 사업자 중 1인이 기타 사업자의 표결권이 있는 지분이나 자산의 50% 이상을 보유하고 있는 경우**
> **2) 집중에 참여하는 각 사업자의 표결권이 있는 지분이나 자산의 50% 이상을 집중에 참여하지 않는 사업자가 보유하고 있는 경우**

8) 동 의견모집안 제5조.
9) 동 의견모집안 제7조.

반독점법 제22조는 사업자집중 신고의 예외를 다음과 같은 두 가지 경우로 들고 있다.

1) 사업자집중에 참여하는 사업자 중 1인이 다른 사업자의 표결권이 있는 지분이나 자산의 50% 이상을 보유하고 있는 경우

이미 특정 사업자가 다른 사업자의 표결권이 있는 지분이나 자산의 50% 이상을 보유하고 있는 경우 두 사업자간의 관계는 이미 절대적 통제관계라고 할 것이므로 구태여 이를 다시 신고할 필요가 없기 때문이다. 즉 이미 상호 지배관계가 형성되어 있는 기업들 사이의 기업결합은 신고할 필요가 없다는 것이다. 사업자집중 심사의 각도에서 보자면 이와 같은 지배구조하에 있는 다수 사업자들은 결국 하나의 사업자에 불과하기에 별도의 심사과정을 거칠 필요성이 없고 이와 같은 사업자들은 시장지배적 지위의 남용행위 금지를 통해 규제한다.

2. 사업자집중에 참여하는 각 사업자의 표결권이 있는 지분이나 자산의 50% 이상을 집중에 참여하지 않는 사업자가 보유하고 있는 경우

집중에 참여하는 각 사업자의 표결권이 있는 지분이나 자산의 50% 이상이 본 사업자집중에 참여하지 않는 별개의 사업자에게 속하는 경우 본 사업자집중에 참여하고 있는 개별 사업자들은 지분이나 자산 50% 이상을 보유하고 있는 별개의 사업자에게 실질적으로 통제당하고 있는 상태, 즉 제삼자가 지배하고 있는 기업들 사이의 기업결합에 불과하므로 이와 같은 사업자집중을 별도의 심사를 거쳐 판단할 필요가 없기 때문이다.

결국 위 조문 내용에서 알 수 있듯이 반독점법에서 규정하고 있는 사업자집중 신고의 예외는 사업자집중을 신고할 필요성 자체가 없는 경우로서 불필요한 반독점집행기구 심사과정을 배제하기 위한 규정으로 이해할 수 있을 것이다.

Ⅳ. 신고표준에 미달하는 사업자집중

전술한 바 있는 신고표준에 미달하는 사업자집중의 경우 해당 사업자는 그 사업자집중을 신고할 의무가 없다.

그러나 앞서 언급한 바 있는 '사업자집중 신고표준에 관한 규정'은 "사업자집중이 본 규정 제3조의 신고표준에 미달하나, 규정에 따라 수집한 사실과 증거에 의하여 그 사업자집중이 경쟁을 배제, 제한하는 효과를 가지고 있다고 보이는 경우 국무원 상무주관부문은 법에 의하여 조사를 진행하여야 한다"[10]고 규정하여 신고표준에 미달하는 사업자집중 또한 반독점법 집행기구의 규율대상임을 명시하고 있다.

이 때 '규정에 따라 수집한 사실과 증거'가 무엇인지에 대하여는 실시세칙으로 명확하게 규정할 예정이며 이에 따라 '신고표준에 미달하나 독점혐의가 있는 사업자집중의 증거수집에 관한 임시방법'(关于对未达申报标准涉嫌垄断的经营者集中证据收集的暂行办法)이 시행될 예정이나 아직까지는 초안(草案)만이 나와 있는 상태이다.

아직 내용이 확정되지 않아 이에 대한 자세한 내용은 생략하기로 하나 신고표준에 미달하는 사업자집중에 대한 증거수집의 개시에 관해 동 초안은 '고발, 언론매체를 통한 정보, 유관부서의 의견 등 합법적인 방법으로 획득한 정보'를 통해 그 사업자집중

10) 동 규정 제4조.

이 경쟁을 제한, 배제하는 효과를 지니고 있는지 초보분석을 하고 초보분석 결과 경쟁을 제한, 배제하는 효과가 있다고 볼만한 충분한 이유가 있는 경우 정식으로 증거수집절차에 들어가야 한다고 규정하고 있으며,[11] 특히 고발이 서면을 통해 이루어지고 관련 사실과 증거가 제공되는 경우에는 상무부는 반드시 초보분석을 진행하여야 한다[12]고 규정하고 있다. 향후 명확한 규정의 공포를 기대해 본다.

V. 신고절차

1. 신고 전 상담

전술한 사업자집중신고 임시방법 의견모집안 제9조는 '신고 전 상담'이라는 제목하에 사업자집중에 참여한 사업자는 사업자집중 신고와 관련된 문제에 관하여 상무부에 상담을 신청할 수 있으며 상담신청은 반드시 서면 방식으로 제출하여야 한다고 규정하고 있다.

따라서 사업자집중을 하려고 하는 자는 사업자집중 신고 후 당국의 자료 보완 요청 등 불필요한 과정을 피하기 위해 미리 상담을 통해 사업자집중 신고절차에 대해 여러 가지 정보를 얻을 수 있다.

11) 동 초안 제3조 전단, 제5조.
12) 동 초안 제3조 후단.

2. 제출 서류, 자료

> **제23조** 국무원 반독점법 집행기구에 사업자집중을 신고하는 경우 다음과 같은 서류와 자료를 제출하여야 한다.
> 1) 신고서
> 2) 집중이 관련시장 경쟁상황에 미치게 될 영향에 대한 설명
> 3) 집중협의서
> 4) 회계사무소의 감사를 받은, 집중에 참여하는 사업자들의 그 전 회계년도 재무보고서
> 5) 국무원 반독점법 집행기구가 정하는 기타 서류와 자료
>
> 신고서에는 집중에 참여하는 사업자의 명칭, 주소, 경영범위, 집중 실시예정일자 및 국무원 반독점법 집행기구가 정하는 기타 사항을 명기하여야 한다.

반독점법 제23조는 국무원 반독점법 집행기구, 즉 상무부 산하 반독점국에 사업자집중을 신고하는 경우 제출하여야 하는 서류, 자료 등에 관하여 규정하고 있다.

동법에 따르면 신고서, 집중이 관련시장 경쟁상황에 미치는 영향에 대한 설명, 집중협의서, 회계사무소의 감사를 받은 집중참여자의 그 전 회계년도 재무보고서, 기타 반독점국이 정하는 기타 서류와 자료들을 제출하여야 한다.

상무부 반독점국은 그 동안 반포된 〈사업자집중신고에 관한 지도의견(关于经营者集中申报的指导意见)〉, 〈사업자집중 반독점심사 사무지침(经营者集中反垄断审查办事指南)〉, 〈사업자집중 신고 문서자료에 관한 지도의견(关于经营者集中申报文件资料的指导意见)〉 등을 정리한 내용인 〈상무부 반독점국의 사업자집중신고에 관한 지도의견(商务部反垄断局关于经营者集中申报的指导意见)〉(이

하에서는 편의상 '사업자집중 신고지침'이라고 한다)을 발표하였는바, 동 지도의견은 중국 반독점법상 사업자집중 신고에 있어 종합지침적인 성격을 띠고 있다.

위 사업자집중 신고지침에 따르면 사업자집중 신고시 제출할 서류 내지 자료는 다음과 같다.

1) 신고인

사업자합병 방식의 집중은 합병에 참여하는 모든 사업자가 신고한다. 기타 방식의 사업자집중은 지배권을 취득하였거나 또는 결정적인 영향을 행사하는 사업자가 신고하고 기타 사업자는 협조를 한다.

신고인은 직접 신고할 수도 있고 관련 규정에 따라 타인에게 위탁하여 대리 신고할 수도 있다.

2) 신청 서류

신고문서, 자료는 다음의 내용들을 포함하여야 하나 이에 국한되지 않는다.

(1) 신고서[13)]

신고서에는 다음과 같은 내용들이 포함되어 있어야 한다.

① 신고인의 기본정보: 신고인은 그의 신분증명 또는 등록등기증명을 제공하여야 한다. 신고인이 해외기업 또는 개인의 경우 현지 관련 기구가 제출한 공증/인증문서도 제출하여야 한다.

신고인이 타인에게 위탁하여 대리 신고하는 경우 수권위탁서를 제출하여야 하고 대리인의 연락처 및 문서 송달주소를 제공하여야 한다. 또한 해외 신고인은 중국 내에 주소가 있는 대리인 또는 문서 수신인에게 위탁하여야 하며 그들의 연락처를 제공하

13) 신고서 표준양식에 대하여는 부록 참조.

여야 한다.

② 신고 사유

③ 집중 각 측의 기본 상황: 기업 명칭, 등록 주소, 경영 범위, 기업 형식, 연락 담당자(성명, 직무, 연락처), 최근 1개 회계년도의 영업액(전세계와 중국내 영업액), 회사 규모 및 업계에서의 지위, 회사설립과 중요한 변경 연혁 등이 기재되어 있어야 한다.

④ 사업자집중의 당사자들과 계열관계가 존재하는 기업과 개인의 명단 및 간단한 소개: 조직체계도 또는 기타 도표를 사용하여 상술한 기업과 개인간의 지분구조, 실제지배 등 관련 관계를 설명할 수 있다.

신고하는 사업자집중과 관련된 업종에 있는 자회사 혹은 모회사에 대해서는 보다 상세한 소개를 하여야 한다. 계열관계 기업의 명칭, 등록 주소, 경영 범위, 기업 형식, 연락 담당자(성명, 직무, 연락처), 최근 1개 회계년도의 영업액(전세계와 중국내 영업액 포함), 회사규모 및 업계에서의 지위, 회사설립과 중요한 변경 연혁 등을 소개하는 외에 회사의 상품 혹은 서비스 제공의 상황에 대하여 상세한 소개를 하여야 한다.

중국 내에 설립한 회사(외상투자기업 및 그의 중국내의 투자기업), 상주 대표기구, 지점과 기타 중국내에 등기한 실체 기구에 대해서는 영업집조(营业执照)[14]를 제공하여야 한다(외상투자기업의 경우 비준증서도 제출하여야 한다).

⑤ 집중거래[15] 상황 개관: 사업자집중 계약 등에 관한 다음 내용을 설명하여야 한다.

14) 영업허가증에 해당한다.

15) 여기에서 '거래'란 자산양수도계약, 지분양수도계약, 기업설립계약 등 사업자집중의 수단을 말한다.

－집중에 이른 거래의 배경 상황, 집중의 성격과 방식(예: 자산인수, 지분인수, 합병, 합자기업 설립)

－거래 목적물, 거래 금액(평가 또는 관련 부서의 인허가를 거친 경우 상응한 문서를 제공하여야 함), 집중 종결 일자, 집중 완성 이후 관련 회사의 지배와의 관계(필요시 도표로 회사구조를 표시할 수 있다)

－집중과 관련된 업종 및 주요 제품(생산능력, 생산량, 판매량, 가격, 원가 등 상황을 포함)

－집중의 동기, 목적 또는 경제적인 타당성 분석 집중 이후의 시장 발전 전망과 발전 계획

신고서의 내용은 간결하여야 하며 신고인 또는 그의 위탁인이 서명하여야 한다. 신고서에는 상업비밀과 국가기밀을 포함하지 않는 개요서 1부를 첨부하여야 한다.

(2) 경쟁상황에 대한 영향 설명

이에는 다음과 같은 내용들이 포함된다.

① 집중이 관련시장 경쟁상황에 미치게 될 영향에 관한 설명

i) 관련시장의 범위 획정 및 이유: 상품시장과 지역시장에 대한 범위의 획정을 포함한다. 관련 상품시장에 대한 범위의 획정은 상품 자체의 특성, 가격, 용도, 소비자 수요와 선호도, 수요와 공급의 대체성 등의 각도에서 분석을 진행할 수 있다. 관련 지역시장에 대한 범위의 획정은 업종의 특징, 제품의 성격, 운수, 관세, 보험, 소비 습관 등의 각도로부터 분석할 수 있다. 필요시 관련시장에 대한 범위의 획정은 관련 자료를 제공하여 상응한 경제학 분석을 진행하여야 한다.

ii) 관련시장의 기본 상황: 시장 총 규모 및 발전 현황, 주요 시장경쟁자 및 그들의 시장점유율과 연락처, 시장집중도, 관련시

장 제품의 수출입 상황 및 관세, 운송 원가, 각국의 가격수준 등을 포함하나 이에 국한되지 않으며, 자료의 출처와 계산 근거, 증명 문서 등을 제공하여야 한다.

iii) 집중이 시장구조에 미치는 영향: 집중 각 측의 최근 2년간 영업액 및 시장점유율, 집중 각 측의 경영방식 등을 포함하나 이에 국한되지 않으며, 자료의 출처와 계산 근거, 증명 문서 등을 제공하여야 한다.

iv) 관련시장의 공급자와 구매자인 주요 기업, 연락담당자, 연락처: 집중 각 측과 공급 혹은 구매 거래를 하는 주요 기업을 열거하고 공급과 구매 기업과의 거래 기본 상황을 소개하여야 한다.

v) 관련시장의 공급구조와 수요구조

② 시장 진입 분석

- 관련시장 진입시의 실직적 장애요소와 법률적 장애요소에 대한 설명
- 지적재산권으로 발생하는 제한, 그리고 집중 각 측이 관련시장 중 지적재산권 사용허가자 또는 피사용허가자로 되는 상황에 대한 설명
- 관련 제품의 규모 경제의 중요성, 관련시장에서 경쟁자의 수량과 규모 등에 대한 설명
- 잠재 시장 경쟁과 가능한 시장 진입, 관련시장에의 신속한 진입 및 유효한 경쟁을 전개하는 가능성과 난이도에 대한 설명
- 최근 몇 년 내 관련시장에서의 중대한 시장 진입 혹은 퇴출 상황의 열거(가능하다면 진입 또는 퇴출 기업의 명칭, 연락처 등 상세한 정보를 제출한다)

③ 관련시장 내 사업자들의 수평적이거나 수직적인 협약의 상황: 연구개발, 특허사용권 양도, 연합 생산, 판매, 장기 공급 및 정보교환 등 방면에 있어 구체적인 합의가 존재하는지 여부 등이며 가능하다면 합의내용에 대해 자세한 정보를 제출하여야 한다.

④ 집중이 시장 구조, 업종 발전, 경영자, 공급과 구매 경영자, 소비자, 기술 진보, 경제발전과 공공이익에 미치는 영향

⑤ 집중이 가져올 수 있는 효율 및 이에 상응한 문서: 효율을 어떻게 실현할 것인지, 실현 시간, 계량화 방식, 소비자 수혜 정도, 집중을 통하지 않으면 이러한 효율을 가져올 수 없는 것인지 여부 등 상황을 분석하여야 한다.

⑥ 집중하는 당사자들의 관련시장 외의 시장에서의 규모와 경쟁력 상황: 집중에 참여하는 사업자의 관련시장에서의 시장점유율 및 그의 시장에 대한 지배 능력, 주요경쟁자 및 그들의 시장점유율 등 경쟁력에 대한 설명 및 이에 대한 자료를 제출한다.

(3) 집중협의서

집중과 관련된 모든 거래 문서 및 첨부 문서와 첨부서류를 포함하여야 한다.

협의서, 계약 및 상응한 보충 문서 등 집중합의에 관련된 각종 보고(집중거래의 타당성 연구보고, 실사보고서, 업종 발전 연구보고, 집중기획 보고 및 거래 후 전망 및 발전 예측보고 등) 등을 말한다. 집중의 협의가 외국어로 작성된 경우, 중문 번역본 혹은 주요 부분에 대한 중문 요약본을 같이 제출하여야 한다.

(4) 집중에 참여하는 사업자에 대한 회계사사무소의 회계감사를 거친 직전 회계년도의 재무회계보고

집중 당사자들의 직전 회계년도의 회계감사를 마친 재무제표

를 제출하여야 한다. 만일 재무제표가 외국어로 작성된 경우 중문 번역본 또는 주요 부분에 대한 중문 요약본을 같이 제출하여야 한다.

(5) 상무부 반독점국이 규정한 기타 문서, 자료

이에는 다음과 같은 내용들이 포함된다.

① 부연설명성 연구보고서: 집중 당사자들에 대한 내부 또는 외부에서 작성한 집중평가에 도움이 되는 분석과 보고서 등, 예를 들면 집중거래에 대한 타당성 연구보고, 실사보고서, 업종 발전 연구보고서, 집중기획보고서 및 거래 후의 전망 및 발전 예측보고서 등이다. 상술한 보고는 반드시 작성인원과 일자를 같이 제공하여야 한다.

② 집중이 금지되는 경우 사업자 및 관련시장에 미칠 수 있는 영향

③ 관련시장의 업계협회에 관한 정보: 업계협회가 존재하는지 여부, 협회의 명칭, 책임자 및 연락처 등 관련 업계 내의 전문가 정보도 제공할 수 있다.

④ 유관 부서의 본건 집중에 관한 의견: 예를 들면 지방정부와 관할 정부부서의 의견, 사회 각계의 본건 집중에 대한 반영과 사회영향 예측 등이다. 각 방면의 의견을 종합하여 정리한 후 관련 문서 자료를 첨부할 수 있다.

⑤ 본 집중의 기타 사법 관할구역에서의 신고 및 심사상황

⑥ 관할기관에 설명할 필요가 있는 기타 상황: 만약 집중이 파산기업, 국가 안전, 산업정책, 국유자산, 기타 부서의 직능, 저명 상표 등의 문제와 관련된 경우, 이러한 문제점들에 대하여 특별히 설명을 하여야 한다.

⑦ 집중 당사자들, 그들의 수권대리인이 서명한 신고문서 자

료의 진실성과 출처의 정확성에 관한 인정

위와 같이 사업자집중을 신고함에 있어 신고자는 중문으로 작성한 문서, 자료를 제출하여야 하며 문서, 자료의 원본이 외국어일 경우, 규범화된 중문 번역본과 외국어 원본을 같이 제출하여야 하고, 문서, 자료가 사본, 복사본 또는 팩스본의 경우, 반독점국의 요구에 따라 원본 문서를 제출하여 검증을 받아야 한다. 또한 지면으로 구성된 신고문서, 자료를 제출하는 동시에 반드시 같은 내용의 전자문서[16]를 제출하여야 한다.

신고자는 상업비밀의 유지 등을 위하여 신고시 문서, 자료의 공개본과 비공개본을 동시에 제출하여야 하며, 신고 문서, 자료 중 상업비밀에 대하여는 표기를 하여야 한다.

제3절 사업자집중의 심사

Ⅰ. 자료의 초보적 검토(初步核查)

제24조 사업자가 제출하는 서류와 자료가 완벽하지 못한 경우 국무원 반독점법 집행기구가 규정한 기한 내에 서류와 자료를 보완하여야 한다. 사업자가 서류와 자료를 보완하지 않는 경우 신고하지 아니한 것으로 본다.

반독점국은 경영자가 제출한 신고문서, 자료를 접수한 후, 신고문서, 자료가 반독점법 제23조의 요건에 부합하는지 여부를 우

16) 콤팩트디스크(cd)에 저장하여 제출할 것이 요구되고 있다.

선 검토한 후 요건에 부합하는 경우 〈사업자집중 반독점 신고정보 등기표(经营者集中反垄断申报信息登记表)〉에 등재한다.

요건에 부합되지 않는 경우 반독점국은 신고자료를 신고인에게 되돌려주거나 또는 신고인에게 통지하여 자료를 보완하도록 한다. 경영자가 제출한 문서, 자료가 완비되지 못하거나 정확하지 않은 경우, 반독점국이 규정한 기한 내에 보완, 수정, 해명 및 설명하여야 한다.

사업자가 기한이 지났음에도 보완, 수정, 해명 및 설명을 하지 않는 경우 신고를 하지 않는 것으로 간주한다.

우리 나라 공정거래법의 경우 기업결합의 신고내용이 미비하여 공정거래위원회가 보정을 명한 경우에는 보정에 소요되는 기간을 기업결합 이행행위 금지기간에 산입하지 않는다고 규정하고 있다.[17] 중국 반독점법에 이와 동일한 내용이 규정되어 있는 것은 아니나 위에서 살핀 바와 같이 반독점법 집행기구가 서류, 자료의 보완을 명할 수 있고 보완되지 아니한 경우 신고되지 아니한 것으로 간주되므로 해석상 이와 같은 서류 또는 자료의 보완에 소요되는 기간은 사업자집중의 법정 심사기간에 산입되지 않는다고 봄이 상당할 것이다.

Ⅱ. 초보심사(初步审查)

第25조 국무원 반독점법 집행기구는 사업자가 제출한, 이 법 제23조 규정에 부합하는 서류와 자료를 접수한 날로부터 30일 내에 신고한 사업자집중에 대한 초보심사를 완료하고 진일보심사를

17) 공정거래법 시행령 제18조 제4항.

> 할 것이지 여부를 결정함과 아울러 서면으로 사업자에게 통지하여야 한다. 사업자는 국무원 반독점법 집행기구가 결정하기 전까지 집중을 실시하여서는 아니된다.
>
> 국무원 반독점법 집행기구가 진일보심사를 하지 않기로 결정하거나 기간이 경과되었음에도 결정하지 아니하는 경우 사업자는 집중을 실시할 수 있다.

사업자가 제출한 문서, 자료 등이 반독점법 제23조의 규정에 부합하는 경우 반독점국은 이에 대하여 심사를 시작한다. 이와 같은 심사는 서류와 자료가 접수된 날로부터 30일 이내에 완료되어야 하며 30일 이내에 재심사, 즉 진일보심사로 넘어가는지 아니면 진일보심사를 하지 않을 것임을 당사자에게 통지한다.

만약 30일 이내에 재심사를 하기로 하는 내용의 통지서가 당사자에게 도달하지 않는 경우 사업자집중을 승인한 것으로 간주되어 당사자들은 사업자집중을 실시할 수 있다.

Ⅲ. 진일보심사(进一步审查)

> 第26조 국무원의 반독점법 집행기구가 진일보심사를 하기로 결정한 경우, 결정하는 날로부터 90일 이내에 심사를 완료하고 사업자집중 금지 여부를 결정함과 아울러 서면으로 사업자에게 통지하여야 한다. 사업자집중 금지를 결정한 경우에는 그 이유를 설명하여야 한다. 사업자는 심사기간중에 집중을 실시하지 못한다.
>
> 아래 상황 중 하나에 해당하는 경우 국무원 반독점법 집행기구는 앞에서 규정한 심사기한을 연장할 수 있다. 단, 연장기간은 60일을 초과하지 못한다.

1) 사업자가 심사기한의 연장을 동의하는 경우
2) 사업자가 제출한 서류와 자료가 정확하지 못하여 확인하여야 하는 경우
3) 신고한 후 사업자의 관련 상황에 중대한 변화가 발생한 경우.

국무원 반독점법 집행기구가 기간이 경과되었음에도 결정하지 아니하는 경우 사업자는 집중을 실시할 수 있다.

반독점국이 추가 심사를 실시하기로 결정한 경우 결정일부터 90일 내에 추가 심사를 완료하여 사업자집중을 금지할 것인지 여부에 대한 결정을 내리고 서면으로 신고인에게 통지하여야 한다. 다만 1) 사업자가 심사기한 연장에 동의한 경우, 2) 사업자가 제출한 문서나 자료가 정확하지 못하여 추가 검증이 필요한 경우, 3) 사업자가 집중신고를 한 이후 관련 상황에 중대한 변화가 발생한 경우 등에는 1회에 한해 심사기간을 60일 연장할 수 있다.

결국 사업자집중 심사기간은 정식으로 접수된 날(자료의 초보적 검토를 끝내고 정식으로 신고서가 접수된 날)로부터 초보심사 30일과 진일보심사 90일(연장시 60일 추가) 등을 포함하여 최장 180일이 소요되는 구조로 되어 있다. 그러나 앞서 살핀 바와 같이 서류 또는 자료의 보완기간은 이에 포함되지 않으므로 실제로는 180일을 초과할 가능성이 대단히 높다.

우리 나라 공정거래법과 비교해 보자면 공정거래법상의 기업결합의 이행행위 금지기간(실질적으로는 심사기간에 해당한다)은 중국 반독점법상의 최장기일 180일보다 60일이 적은 최장 120일이나 이 기간에 대하여도 심사기간의 부당한 장기화와 그로 인한 기업결합의 효율성이 훼손되는 결과를 초래할 우려가 있다는 비판이 있다.[18] 통상 기업간 합병을 실시하려는 경우 합병 당사자들간 합병계약을 체결하고 지분인수의 경우 인수되는 지분의 가격 등을 이미 계약을 통해 구체적으로 정하는 것이 일반적인데, 합병에 필요한 모든 선행조건이 완비된 상태에서 180일 또는 이를 초과하여 심사를 지연하는 경우 사업자집중을 하려고 하는 기업으로는 상당히 불안정한 지위에 오랫동안 처해 있게 되는 위험성을 감수하여야 하는 동시에 그 기간 동안 발생한 시장의 변화에 따라 당초 약정하였던 지분 인수가격이 시장가격과 상당한 정도의 차이가 발생할 수 있으므로 정작 사업자집중이 승인되었을 경우 당사자들간에 분쟁의 소지가 있을 수 있다. 따라서 입법론적인 관점에서 볼 때에는 심사기간을 다소나마 단축하는 것이 바람직하다고 보인다.

Ⅳ. 사업자집중의 심사요소

第27조 사업자집중 심사시에는 다음과 같은 요소를 고려하여야 한다.

1) 집중에 참여하는 사업자의 관련시장 점유율 및 시장 통제력
2) 관련시장의 시장집중도
3) 시장 진출, 기술 진보에 대한 사업자집중의 영향
4) 소비자와 기타 사업자에 대한 사업자집중의 영향
5) 국민경제발전에 대한 사업자집중의 영향
6) 국무원 반독점법 집행기구가 고려하여야 한다고 인정하는 시장 경쟁에 영향을 미치는 기타 요소

18) 임영철, 전게서, 83쪽.

반독점법 제27조는 반독점국이 사업자집중을 심사할 때 고려하여야 할 요소들에 대해 설명하고 있다. 본 조항은 다섯 항에 걸쳐 주된 심사요소를 구체적으로 규정한 후 마지막 항에서는 향후 시장의 변화에 따른 심사요소가 생길 것을 대비하여 포괄조항으로서 국무원 반독점법 집행기구가 고려하여야 한다고 인정하는 기타 요소를 규정하고 있다.

1. 집중에 참여하는 사업자의 관련시장 점유율 및 시장 통제력

사업자집중을 심사하는데 있어 가장 먼저 고려하여야 하는 것은 당연히 관련시장에 있어 당해 사업자들의 점유율과 시장에 대한 통제력일 것이다. 여기에서도 역시 관련시장의 획정은 아주 중요한 요소가 된다. 관련시장의 획정 부분에서 설명한 바 있듯이 관련시장의 범위를 어떻게 획정하느냐에 따라 당해 사업자의 시장점유율 자체가 달라질 수 있기 때문이다.

관련시장 점유율과 시장 통제력은 일반적으로는 시장에 있어 당해 사업자의 판매액을 기준으로 판단되나 구체적인 사안에 따라서는 판매액보다 생산량, 운송량, 생산능력, 재고량 등을 감안하여 종합적으로 결정될 수도 있을 것이다.

2. 관련시장의 시장집중도

여기에서 시장집중도라 함은 관련시장에 있어 점유율의 집중정도를 뜻한다.[19] 일반적으로 시장집중도가 높을수록, 즉 관련시장에서 점유율이 높은 사업자의 수가 적을수록 시장독점에 따른 폐해가 생길 가능성이 높다고 본다. 따라서 시장집중도가 높은

---

19) 商务部条法司编(尚明 主编), 전게서, 238쪽.

관련시장에서 사업자집중을 할 경우 이에 대한 심사는 시장집중도가 낮은 시장의 경우보다 더욱 엄격해야 할 것이다.

이와 관련하여 시장집중도를 파악하는 방법에는 시장집중률(concentration ratio)법, HHI지수(Herfindahl-Hirschman Index)법 등 여러 가지가 있으나, 자세한 내용은 본서의 특성상 생략하기로 한다.

3. 시장 진입, 기술 진보에 대한 사업자집중의 영향

여기에서 말하는 시장진입이란 잠재적 사업자가 관련시장에 진입하는 상황을 말한다. 잠재적 경쟁자가 얼마나 존재하는지, 잠재적 경쟁자가 관련시장으로 진입하려고 할 때 법률적이나 실질적인 장벽이 존재하고 있는지, 사업자집중으로 인하여 잠재적 경쟁자가 관련시장에 진입하는데 어느 정도 영향을 받게 되는지 등이 사업자집중의 심사요소가 될 것이다. 시장진입이 용이한 경우 사업자집중이 시장의 경쟁을 해하는 것을 방지할 수 있기 때문이다.

따라서 사업자집중을 심사할 때에는 잠재적 경쟁자가 시장에 진입하려고 할 경우 신속하고, 적시에 관련시장에 진입할 수 있는지, 시장진입 자체가 실현가능한지, 시장진입이 실질적으로 유효한지 등을 고려하여야 한다.

본 조항에서 말하는 기술의 진보는 사업자집중으로 인하여 새로운 기술의 창조, 사업의 효율성 증대 등이 이루어질 수 있음을 뜻한다. 사업자집중은 서로 다른 경쟁자들의 불필요한 연구중복, 자원낭비 등을 막아 원가절감 등의 효과를 가져올 수 있고, 이는 소비자의 이익을 증대할 수 있는 요인이 되므로 사업자집중으로 인한 기술의 진보는 사업자집중을 금지하여야 하는지에 있어 고려해야 할 요소이다. 따라서 사업자집중이 원가하락, 신기술 개발, 신제품개발 등에 효율적이고 직접적인 영향을 미칠 수 있는지 등에 대한 고찰을 통해 사업자집중의 금지 여부를 좀 더 융통성있게 결정할 수 있을 것이다.

4. 소비자와 기타 사업자에 대한 사업자집중의 영향

소비자와 다른 사업자에 대한 사업자집중의 영향은 반독점법이 사업자집중을 규제하는 직접적인 목적에 해당한다. 독점적인 시장이 형성됨으로써 유효한 시장경쟁을 해하고 소비자의 이익을 보호하지 못하게 되는 것을 막는 것이 반독점법의 목표이기 때문이다. 따라서 본 조항은 그 규정 여하에 관계없이 당연히 반독점 집행기구가 고려하여야 하는 요소이며 집행목표이기도 하다.

여기에서 소비자란 특정한 개별 소비자를 뜻하는 것이 아니라 소비자 집단 전체를 말하는 것이며, 기타 사업자란 사업자집중과 관련된 시장에서 활동하고 있는 사업자뿐 아니라 상위, 하위 시장에서 활동하고 있는 사업자를 포함하는 넓은 개념으로 이해함이 상당하다.

5. 국민경제발전에 대한 사업자집중의 영향

중국 반독점법은 사업자집중을 심사하는데 있어 '국민경제발전에 대한 사업자집중의 영향'이라는 요소를 고려하여야 한다고 법률에 명시하고 있다. 사업자집중을 규제하여 시장경쟁이 유효하게 이루어지게 함으로써 시장경제체제를 완비하는 것이 반독점법의 이상적인 목표라고 보았을 때 사업자집중에 대한 규제를 통해 국민경제발전, 국가 내지 사회의 총체적 이익을 증대시킬 수 있을 것이다.

그러나 이와 같은 국민경제발전 내지 국가의 이익이라는 측면에서 반독점법의 규제를 실시하는 것은 자국이기주의, 자국산업 보호주의라는 숨겨진 목적을 달성하는 수단이 될 수도 있음을 유의하여야 할 것다. 즉, 자국 기업끼리의 합병에 있어서는 원가절감 등으로 인한 시너지효과를 높이 평가하여 사업자집중을 허용하고, 외국 기업이 자국 기업을 인수함에 있어서는 자국 산업의 보호를 위하여 사업자집중을 금지하는 이중적 기준을 적용하는 데 본 조항이 이용되어서는 아니된다는 것이다.

중국에서 사업자집중을 금지한 첫번째 사례인 코카콜라의 훼이위앤 인수 사안에서 세계 각국은 시장 독점으로 인한 경쟁제한이라는 중국 정부의 대외적 발표내용보다는 자국의 유명 브랜드를 외국 회사가 인수하는 것에 대한 반감이 더 중요한 요소가 된 것이 아닌가 하는 추측을 하고 있으며 중국 반독점법에서 본 조항과 같은 내용을 명시적으로 규정한 것 또한 이와 같은 추측을 뒷받침하고 있다.

따라서 본 조항을 적용함에 있어서는 자국 산업이 해당 사업자집중으로 인하여 피폐화될 가능성이 있는 경우에 한하여 사업자집중 금지 여부를 결정하는 등 가급적 소극적인 태도를 견지하거나 적어도 외국 기업의 자국 기업 인수와 자국 기업간의 합병 사이에 차별을 두지 않아야 공평한 반독점법 적용이라고 평가받을 수 있으며 이는 국제적인 신인도 향상, 글로벌 기업의 중국 투자에 긍정적인 영향을 낳을 수 있을 것이다.

6. 국무원 반독점법 집행기구가 고려하여야 한다고 인정하는 시장 경쟁에 영향을 미치는 기타 요소

시장경제의 변화에 따라 사업자집중을 규제함에 있어 고려해야 할 요소는 끊임없이 변화할 수 있다. 이에 따라 반독점법은 반독점법 집행기구로 하여금 사업자집중 심사요소를 인정할 수 있게 하기 위해 포괄조항으로서의 성격을 지닌 본 조항을 규정하고 있다.

제4절 사업자집중의 심사결과

Ⅰ. 사업자집중의 승인

중국 반독점법은 사업자집중 심사를 거쳐 사업자집중을 허용하는 경우 어떠한 조치를 취하는지에 대하여는 직접적인 규정을 하고 있지 않다. 사업자집중 금지에 관한 제28조 후단의 반대 해석상 '사업자집중을 금지하지 않는 결정'을 명시적으로 해당 사업자에게 통보하여야 한다고 이해되며, 다만 사업자집중 금지 또는 조건부 승인에 관한 반독점법 제30조의 반대 해석상 사업자집중을 승인하는 경우, 이를 별도로 공표하지 아니하는 것으로 이해되고 있다.

이에 따라 현재 사업자집중 승인에 관하여는 '심사 및 결과의 비공개' 원칙이 지켜지고 있어 어떠한 기업들이 사업자집중을 하였는지 및 그 승인 여부가 정확히 발표되지 않고 있다. 다만 2009년 3월 18일 현재 현지 언론보도 등을 통해 알려진 바에 따르면 반독점법 시행 후 상무부 반독점국은 총 40건에 대한 사업자집중 신고를 받았고 그 중 29건을 입안, 심사하였으며 25건에 대한 심사를 종결하여 23건을 승인하고(1건을 금지), 1건을 조건부 승인하였으며 그 후인 2009년 4월 25일 추가로 1건을 조건부 승인하였다. 조건부 승인 사례 및 금지 사례에 대하여는 후술하기로 한다.

Ⅱ. 사업자집중의 금지

> **제28조 사업자집중이 경쟁효과를 배제, 제한하거나 그러할 가능성이 있는 경우 국무원 반독점 집행기구는 사업자집중 금지결정을 내려야 한다. 그러나 사업자가 당해 사업자집중이 경쟁에 미치는 긍정적 영향이 부정적 영향보다 현저히 크거나 사회공공의 이익에 부합한다는 것을 증명하는 경우 국무원 반독점 집행기구는 사업자집중을 금지하지 않는다는 결정을 내릴 수 있다.**

1. 금지 결정

반독점법은 제28조에서 사업자집중이 경쟁효과를 배제, 제한하거나 그러할 가능성이 있는 경우 반독점국이 사업자집중 금지결정을 내려야 한다고 규정하고 있으며 반독점법 제30조에 따라 이러한 금지 결정은 지체없이 사회에 공포되어야 한다.

반독점법에 따른 중국 반독점국의 사업자집중 처리절차를 보자면 사업자집중 심사를 거쳐 만약 해당 사업자집중이 시장의 경쟁을 해한다고 판단되는 경우 일단 조건부 승인 여부에 관해 해당 사업자와 상담을 진행하고 해당 사업자로 하여금 수정방안을 제출하게 한 다음 이를 검토하여 금지 또는 제한성 조건부 승인을 결정하여 이에 대하여는 대외적으로 공고를 하고 있다.

이는 단순한 승인이 아닌 제한성 조건부 승인이나 금지 결정의 경우 투명한 법집행을 공개한다는 의미로 해석되며 이와 같은 공고는 향후 다른 사업자들이 사업자집중을 실시하는데 있어 참고적인 역할을 할 수 있게 된다.

전술한 바와 같이 현재까지 중국 반독점국의 심사를 거쳐 금지 결정이 내려지거나 조건부 승인 결정이 내려진 사업자집중은 총 3건이며 따라서 공고 또한 3회에 걸쳐 발표되었다. 조건부 승인의 경우 공고문이 간략하였으나 금지결정의 경우 공고문의 내용이 비교적 자세하였다.

금지결정 공고문의 경우 1) 입건과 심사과정, 2) 심사내용, 3) 심사업무, 4) 경쟁문제, 5) 제한성 조건부 상담, 6) 심사결정의 여섯 가지 항목으로 나뉘어 그 내용을 구체적으로 적시하였는데 이는 반독점국의 심사 과정 및 심사 요소 등을 파악하는데 큰 도움이 된다는 점에서 향후 사업자집중에 있어 시금석이 될 수 있을 것이다. 그 구체적인 내용에 대하여는 금지 사례 부분에서 상술하기로 한다.

2. 사업자의 항변권

반독점법 제28조 후단은 사업자가 그들의 집중이 경쟁에 미치는 긍정적 영향이 부정적 영향보다 현저히 크거나 사회 공공이익에 부합한다는 것을 증명하는 경우 국무원 반독점 집행기구는 사업자집중을 금지하지 않는다는 결정을 내릴 수 있다고 규정하여 사업자의 항변권을 규정하고 있다.

이 규정은 반독점국의 사업자집중 심사과정에 대한 규정으로서의 성격도 지닌다. 반독점국이 제출된 자료들로만 심사를 하고 그 상태에서 바로 결정을 내린다면 이와 같은 항변권을 행사할 수 없기 때문이다.

즉, 본 조항은 반독점국이 사업자집중을 심사하여 경쟁을 해하는 요소가 있음을 확인하고 이에 대하여 해당 사업자에게 사업자집중이 금지될 수 있음을 알려주어야 함을 규정하고 있다고 해석될 수 있는 것이다. 이와 관련되어 구체적인 유권해석이 나온 바는 없지만 현재까지의 실무적인 처리 과정상 반독점국은 바로 사업자집중 금지 결정을 내리지 않고 사업자에게 제한성 조건부 승인과 관련된 상담을 진행하고 있는 바 그 과정 내지 그 전 단계인 심사과정에서 자신의 사업자집중에 긍정적 영향이 있음을 입증할 수 있는 기회를 가지게 된다.

사업자는 본 조항에 의하여 자신의 사업자집중이 경쟁에 미치는 긍정적 영향이 부정적 영향보다 현저히 크다는 것을 입증하거나 사회 공공이익에 부합한다는 것을 입증함으로써 사업자집중을 승인받을 수 있다. 즉, 비록 사업자집중에 의한 부정적 영향이 존재한다고 하더라도 공공이익 증대, 실업자 감소 등 긍정적 영향이 있음을 입증함으로써 반독점법상의 규제를 피할 수 있다는 것이다.

3. 금지 사례

전술한 바와 같이 현재까지 중국 상무부 반독점국이 사업자집중 그 자체를 전면 금지한 사례는 1건이다. 반독점국은 2009년 3월 18일 코카콜라사의 중국 음료업체인 훼이위앤(汇源)사 지분 인수를 금지하는 결정을 내렸으며 이를 공고하였다.

본건 사업자집중에 관한 공고문은 1) 입안과 심사과정, 2) 심사내용, 3) 심사업무, 4) 경쟁문제, 5) 제한성 조건부 상담, 6) 심사결정의 여섯 가지 항목으로 나뉘어 비교적 상세히 그 내용이 기재되어 있으므로 공고문의 내용을 구체적으로 살펴보는 것은 심사절차를 조망해보는데 도움이 될 것이다. 이하에서는 본 사례를 입체적으로 분석해보기로 한다. ▒▒ 표시가 되어 있는 부분은 상무부 공고문의 내용이다.

1) 입안과 심사과정

코카콜라사는 2008년 9월 18일 상무부에 사업자집중 신고자료를 제출하였고, 상무부의 요구에 따라 동년 9월 25일, 10월 9일, 10월 16일과 11월 19일에 신고에 관한 보충서류를 제출하였다.

상무부는 2008년 11월 20일 코카콜라사가 제출한 신고자료가 반독점법 제23조에 규정한 표준에 도달하였다고 인정하고 해당 신고를 입안하기로 결정하고 이를 코카콜라사에 통지하였다. 해당 사업자집중은 규모가 크고 영향이 복잡하여 2008년 12월 20일 초보단계 심사업무가 끝난 후 상무부는 진일보심사를 실시하기로 결정하고 이를 서면으로 코카콜라사에 통지하였다. 진일보심사 과정에서 상무부는 사업자집중이 조성하는 각종 영향에 대하여 평가를 진행하였다.

위에서 알 수 있듯이 당사자가 사업자집중 신고를 하였다고 하여 바로 심사절차로 들어가는 것은 아니며 당국의 요구에 따라 사업자집중과 관련된 각종 서류, 자료 들을 제출하여야 하고 이에 따라 사업자집중 심사를 시작할 필요성이 인정되어야 입안되고 당사자에게 통지된 후 심사절차로 들어가게 된다. 본건의 경우 첫 신고 일시와 입안 일시까지 2개월 가량이 소요되었다.

2) 심사 내용

상무부는 아래의 여러 가지 방면에 관하여 해당 사업자집중에 대한 전면적인 심사를 진행하였다.

(1) 사업자집중에 참여한 사업자의 관련시장에서의 시장점유율 및 시장에 대한 지배력
(2) 관련시장의 시장집중도
(3) 사업자집중의 시장진입, 기술진보에 대한 영향
(4) 사업자집중의 소비자, 기타 관련 사업자에 대한 영향
(5) 사업자집중의 국민경제 발전에 대한 영향
(6) 훼이위앤 브랜드가 과즙음료 시장경쟁에 미칠 영향

앞서 살펴본 바와 같은 반독점법 규정상의 심사 요소들을 바탕으로 심사를 하였음을 알 수 있다. 본건의 경우, 코카콜라사 산하의 과즙음료 업체인 미즙원(美汁源)의 기존 생과즙 음료시장 점유율은 10%였고, 훼이위앤(汇源)의 기존 생과즙 음료시장 점유율은 46%였다.

3) 심사 업무

입안 후 상무부는 해당 신고에 대하여 법에 의해 심사를 진행하였는바 신고자료에 대하여 검토, 대조를 진행하고 해당 신고와 관련된 중요한 문제들에 대하여 철저한 분석을 진행하고 의견청취, 논증회, 좌담회, 공청회, 현지조사, 위탁조사 및 당사자 약속상담 등을 통하여 관련 정부부서, 관련 업계협회, 과즙음료기업, 과즙농축액 공급상, 과즙음료 판매상, 사업자집중 당사자 쌍방, 코카콜라사와 합작한 중국 회사 및 관련 법률, 경제와 농업 전문가 등으로부터 의견을 구하였다.

이 절차와 관련하여 특기할 만한 점은 좌담회, 공청회 등을 통한 의견청취 부분이다. 성격상 이러한 좌담회, 공청회 등은 대부분 중국인들을 그 구성원으로 할 수밖에 없는데 이러한 경우 '자국 브랜드에 대한 긍지' 측면에서 글로벌 기업의 자국 기업 인수는 상당한 반대에 부딪칠 우려가 있으며 실제 본 건에서도 이와 같은 일이 발생하였다.

4) 경쟁 문제

심사업무가 끝난 후 상무부는 법에 따라 해당 사업자집중에 대하여 전면적인 평가를 진행하고 사업자집중으로 인해 다음과 같은 불리한 영향이 발생하게 될 것으로 확인하였다.

(1) 사업자집중 완성 후 코카콜라사는 그의 탄산음료 시장상의 지배지위가 과즙음료시장에 전도될 능력이 있어 현재 과즙음료기업에 대하여 경쟁을 배제, 제한하는 효과를 낳게 되고 나아가 음료 소비자의 합법적 권익에 손해를 가함.

(2) 브랜드는 음료시장의 유효한 경쟁에 영향을 주는 관건적 요소로 사업자집중 완성 이후 코카콜라회사는 '미즙원'과 '훼이위앤'의 2개 유명과즙 브랜드에 대한 통제를 통하여 과즙시장에 대한 통제력은 뚜렷하게 증가될 것이며 그의 탄산음료시장의 기존 지배지위 및 상응한 전도 효과를 더해 줌으로써 사업자집중은 잠재적 경쟁상대의 과즙음료시장 진입에 대한 장애를 뚜렷하게 높일 것임.

(3) 사업자집중은 국내 중소형 과즙기업의 생존공간을 억누르고 국내기업의 과즙음료시장에서의 경쟁 참여와 자체 개발능력을 억제하여 중국 과즙음료시장의 유효한 경쟁 국면에 좋지 않은 영향을 줌으로써 중국 과즙업계의 지속적이고 건강

한 발전에 불리함.

결국 반독점국은 위와 같은 여러 가지 심사 요소들을 종합적으로 검토한 결과 본건 사업자집중이 시장경쟁에 악영향을 미칠 우려가 있다는 판단을 한 것이다.

상무부는 '탄산음료 시장상의 지배적 지위가 과즙음료시장에 전도될 우려', '유명 브랜드 통제로 인한 잠재적 경쟁자의 시장진입 장애', '중국 과즙음료시장의 발전 저해'라는 세 가지 이유를 들고 있는데, 이에 대하여는 시장점유율 측면에서 보자면 해당 두 업체의 시장점유율 합산액이 56% 정도로서 독점상태에까지 이르기는 어려우며 특히 코카콜라 산하의 기존 업체인 미즙원의 시장점유율이 10%에 불과하여 기존의 훼이위앤 점유율은 46%에서 10% 상승하는 데 그치므로 중국 과즙업계 전체의 경쟁을 해한다고 보기는 어렵다는 비판이 있을 수 있다.

또한 관련시장을 생과즙음료 시장이 아닌 일반과즙음료 시장으로 획정할 경우 당사자들의 시장점유율 합계가 20%를 약간 상회하는데 그치므로 관련시장의 획정이 과연 올바른 것이었는가에 대한 비판도 제기될 수 있다. 다만, 이와 같은 단순한 수치적인 시장점유율로만 시장경쟁을 해하는지 여부를 판단할 수는 없으며, 코카콜라라는 거대 회사가 관련시장에 미칠 수 있는 파급효과, 특히 공급과정 및 원재료 시장의 장악력 등을 종합적으로 고려하여야 함은 당연하다고 하겠다.

그러나 그 구체적인 내용에 대하여는 상무부가 공개하고 있지 않으므로 본 건 심사과정에서 어떠한 요인들이 높이 평가되었는지 여부는 불명확하다.

5) 제한성 조건상담

> 심사과정에 발견한 불리한 영향을 감소시키기 위하여 상무부는 코카콜라사와 제한성 조건에 관하여 상담을 진행하였다. 상담 중 상무부는 심사과정에서 발견한 문제에 대하여 코카콜라사가 해결방안을 제출할 것을 요구하였다. 코카콜라사는 상무부가 제출한 문제에 대하여 자신의 관점을 진술하고 초보적 해결방안 및 수정방안을 제출하였다. 평가를 거친 후 상무부는 코카콜라사가 경쟁에 미치는 영향문제에 대하여 제출한 구제방안이 여전히 해당 사업자집중으로 인하여 발생하게 될 불리한 영향을 감소하지 못한다고 인정하였다.

이와 관련하여 상무부가 코카콜라측에 어떠한 조건을 제시하였는지 및 코카콜라사가 상무부에 어떠한 조건을 제시하였는지에 대하여는 명확히 밝혀진 바 없다. 후술하겠으나 중국의 첫 조건부 승인 사례인 인베브의 안호이저-부쉬 인수건에 대해 중국 상무부는 네 가지 조건을 들어 사업자집중을 승인하였는데 본 건의 경우 그와 같은 조건에 대해 상무부와 코카콜라 상호간 의견이 조율되지 않았던 것으로 보인다.

향후 중국의 반독점 심사과정에서 이와 같은 제한성 조건의 제시는 상당히 중요한 절차로 자리매김할 가능성이 높으며, 해당 기업으로서는 사업자집중 신고시 이와 같은 점을 고려하여 당사자가 직접 제시할 수 있는 조건, 수인할 수 있는 조건의 한도 등을 미리 점검해 보는 것이 필요하다고 본다.

6) 심사 결정

> 상술한 원인으로 상무부는 반독점법 제28조와 제29조에 근거하여 해당 사업자집중은 경쟁을 배제, 제한하는 효과가 있어 중국 과즙음료시장의 유효한 경쟁과 과즙산업의 건강한 발전에 불리한 영향을 줄 것이라고 판단하였다. 사업자집중에 참여하는 사업자가 사업자집중이 경쟁에 대하여 발생시킬 유리한 영향이 불리한 영향에 비해 뚜렷하게 크거나 사회 공공이익에 부합된다는 충분한 증거를 제공하지 못하였고 규정한 시간 내에 코카콜라사가 불리한 영향을 감소시킬 수 있는 타당한 해결방안을 제출하지 못하였으므로 해당 사업자집중을 금지하기로 결정하였다.

결국 상무부에서는 코카콜라사의 사업자집중이 금지 대상이라는 결론을 내리고 동 회사에 항변권을 부여하였으나 동 회사가 "사업자집중이 경쟁에 대하여 발생시킬 유리한 영향이 불리한 영향에 비해 뚜렷하게 크거나 사회공공이익에 부합된다는 충분한 증거를 제공하지 못하였므로" 정식으로 금지 결정을 내리고 공고하기에 이른 것이다.

여기에서 다시 한 번 강조하고 싶은 점은 위 결정내용 중 '사회공공이익에 부합하는 경우'가 있다는 점이다. 이는 반독점법 제28조 후단에서도 규정하고 있는 항변권의 입증내용 중 하나로서 위 조항의 규정내용이나 위 심사결정의 내용으로 볼 때 비록 당해 사업자집중이 경쟁을 해한다고 인정되더라도 사회공공이익에 부합한다면 반독점국이 승인 결정을 내릴 수 있다는 것이다. 이는 당국에 의한 재량권 행사의 범주에 들 수 있는 것으로 법률의 명확성을 해한다는 측면이 있으나 사업자집중을 하려는 당사자나 당국으로서는 사업자집중의 명분을 살리고 대신 국가적인 이익을 꾀하는 타협점으로서의 의미를 지닌다.

따라서 사업자집중을 실시하려는 기업으로서는 사업자집중 금지 대상으로 인정되더라도 고용증대, 투자규모 확대 등 당국이 수긍할 수 있는 조건을 자발적으로 제시함으로써 사업자집중 금지를 피할 수 있는 여지가 남아 있고, 이는 중국에서의 M&A에 중요한 전략적 포인트가 될 수 있을 것이다.

한편 이와 관련하여 코카콜라사는 상무부의 결정에 불복하지 않겠다고 발표하였다. 이는 2008년 하반기의 금융위기로 인하여 훼이위앤의 주가가 당초 코카콜라사가 인수하기로 했던 가액보다 상당한 정도로 떨어진데 기인한 것으로 추측되고 있다.

Ⅲ. 조건부 승인

> **제29조 사업자집중을 금지하지 않는 경우 국무원 반독점 집행기구는 경쟁에 대한 불리한 영향을 감소시키기 위한 제한성 조건을 부가하기로 결정할 수 있다.**

1. 제한성 조건의 부가

반독점법 제29조에 따라 반독점국은 사업자집중을 승인하면서 이에 제한성 조건을 부가할 수 있다. 앞서 사업자집중 금지 부분에서 살펴보았듯이 반독점국은 실무상 일단 사업자집중 심사를 완결한 후 금지 결정을 내려야 하는 사안인지를 결정하고, 금지 결정의 대상으로 판정되는 경우 해당 사업자에게 이를 알리고 상호간 의견 조율을 통해 제한성 조건을 부가할지 여부를 결정하도록 하고 있다.

즉, 법률상에는 반독점국이 사업자집중을 승인하면서 특정한 조건을 부가하는 것으로 되어 있으나 반독점국의 일방적인 조건 부가의 경우 당해 기업이 이를 받아들이지 않는다면 아무런 의미가 없고 다시 금지 결정을 해야 하는 불필요한 과정을 거쳐야 하므로 미리 해당 기업과 제한성 조건에 관하여 구체적인 상담을 거쳐 해당 기업이 특정한 조건을 받아들이는 경우 반독점국이 조건을 부가하여 사업자집중을 승인하는 구조를 취하고 있는 것이다.

이와 같은 타협적 구조는 세계 각국에서 대부분 인정되고 있는 것으로 사업자집중 자체를 금지하기 보다는 특정한 조건의 부가를 통해 시장경쟁을 해하지 않도록 유도하는 것이 더 효율적일 수 있다는 점에서 그 의의를 찾을 수 있다고 할 것이다.

특히 본 조항은 외국 기업의 외국 기업 인수에 있어 상당한 의미를 지니고 있다.

반독점법은 제2조에서 중국 경외에서의 행위로서 경내 시장의 경쟁을 배제하거나 제한하는 영향을 미치는 경우에도 동 법을 적용하도록 규정하고 있으므로 외국 기업이 외국 기업을 인수하려고 하는 경우 중국 시장에 영향을 미칠 수 있다면 중국 반독점국에 신고를 하여야 하고 이에 따라 사업자집중 승인 여부를 결정하여야 한다.

이 때 현재까지 제출된 자료로만 판단한다면 시장경쟁을 해할 것인지 여부가 명확하지 않으나 향후 발생할지도 모르는 특정한 상황 하에서는 시장경쟁을 해할 가능성이 있다고 판단되는 경우 그러한 상황을 배제하기 위한 조건으로 시장에서의 경쟁자인 기타 기업, 중국 기업 또는 외국 기업의 지분을 인수하지 못하도록 규정하거나 이미 보유하고 있는 중국 기업의 지분을 더 이상 확대하지 못하게 하는 방법을 통해 시장경쟁을 유효하게 유지할 수 있기 때문이다.

이와 같이 제한성 조건을 부가하여 사업자집중을 승인할 경우 반독점법 제30조에 의하여 그 내용을 지체없이 사회에 공포하여야 함은 사업자집중 금지 부분에서 기술한 바와 같다.

2. 제한성 조건 부가 사례

1) 인베브/안호이저-부시 사례

중국 상무부는 2008년 11월 18일 세계 최대의 맥주회사인 벨기에 소재 인베브(INBEV N.V./S.A.)그룹의 미국 소재 안호이저-부시(ANHEUSER-BUSCH COMPANIES INC., 이하 'AB'로 표기함)사 인수 관련 사업자집중 신고에 대하여 조건부 승인 결정을 하였다.

위 두 회사는 모두 중국 경외 회사이나 위 회사들이 중국 소재 맥주회사들의 지분을 각각 보유하고 있는 관계로 위 회사들의 사업자집중은 중국 맥주시장에도 영향을 미치기 때문에 인베브 측은 상무부에 사업자집중 신고를 하였으며, 상무부는 아래의 네 가지 조건을 들어 사업자집중을 승인한 것이다. 이는 2008년 8월 1일 중국 반독점법 시행 이후 중국 상무부가 사업자집중과 관련하여 최초로 공포한 사례이다. 상무부에서 부가한 조건은 다음과 같다.

① AB사가 현재 보유중인 칭다오(靑島) 맥주의 27%의 지분 비율 확대 금지

② 인베브사가 현재 보유중인 주쟝(珠江) 맥주의 28.56%의

지분 비율 확대 금지

③ 화룬쉬에화(華潤雪花) 맥주와 옌징(燕京) 맥주의 지분 보유 금지

④ 인베브사의 지배주주 또는 지배주주의 주주에 변화가 발생했을 경우, 지체없이 상무부에 통보

본 건에 있어 부가된 제한성 조건은 모두 네 가지로 그 중 세 가지는 중국 내 기업의 지분 인수 또는 비율확대와 관련된 것이며 나머지 한 가지는 인베브사의 지배주주 변화와 관련된 것이다.

현재 중국 맥주시장의 주요 기업으로는 AB사가 현재 지분 27%를 보유중인 칭다오(青島) 맥주, 화룬쉬에화(華潤雪花) 맥주, 옌징(燕京) 맥주, 인베브사가 현재 지분 28.56%를 보유중인 주쟝(珠江) 맥주의 4개사를 들 수 있는데 인베브사와 AB사가 합병함으로 인해 기업간 경쟁을 해할 우려가 있으므로 칭다오 맥주와 주쟝 맥주의 경우 현재 보유중인 지분 비율의 확대를 금지하고 다른 대형기업인 화룬쉬에화 맥주와 옌징 맥주의 지분 보유를 금지함으로써 향후 발생할지도 모르는 시장경쟁 제한 요소를 사전에 차단하려는 것이다. 또한 인베브사의 지배구조에 변화가 생겼을 경우 이를 상무부에 통보함으로써 역시 시장경쟁 제한 요인이 있는지를 상무부가 파악할 수 있도록 하였다.

위와 같은 제한성 조건을 부가함에 있어 중국 상무부(반독점국)는 중국 맥주산업협회, 맥주회사, 맥주원료공급회사, 맥주판매회사들로부터 의견을 청취한 후 사업자집중 당사자인 인베브와 AB측이 제시한 자료를 종합하여 제한성 조건을 도출한 후 사업자집중 당사자들과 이 조건의 수인 여부에 대한 조율을 거쳐 결국 인베브사가 AB사를 인수하는 것을 승인하였다.

2) 미쯔비씨레이온/루사이트 사례

중국 상무부는 2009년 4월 25일 일본의 화학섬유업체인 미쯔비씨레이온의 영국 루사이트(Lucite)사 인수를 조건부로 승인하였다. 이 결정은 불과 한 달여 전 상무부가 코카콜라사의 훼이위앤 인수를 금지한 바 있으므로 본 건 사업자집중이 승인될 것인지 여부에 대하여 세계 각국의 관심을 모아오던 것이었다.

사실 미쯔비씨레이온이나 루사이트의 경우 중국 내 사업규모는 각 회사들의 전세계 매출액에 비해 크지 않은 상황이었으나 전술한 바와 같은 반독점법 규정에 따라 사업자집중 신고대상에 해당되므로 미쯔비씨레이온은 2008년 12월 22일 사업자집중을 신고하였고, 신고 서류 및 관련 자료의 보완을 통해 상무부가 2009년 1월 20일 정식으로 입건하여 심사를 시작하게 되었다.

상무부는 2009년 2월 20일까지의 초보심사를 통해 위 두 회사의 주요 상품인 메타크릴산 메틸(Methylmethacrylate, 속칭 'MMA')의 시장점유율이 두 회사가 합병할 경우 64%에 달할 뿐 아니라 시장집중도의 변화폭이 비교적 크다고 판단하고 진일보 심사를 하기로 결정하였다. 상무부는 다음과 같은 점에 대하여 심사를 하였다.

① 사업자집중에 참여한 사업자의 관련시장 시장점유율 및 시장통제력
② 관련시장의 시장집중도
③ 사업자집중의 시장 진입, 기술 진보에 대한 영향
④ 사업자집중의 소비자와 기타 관련 사업자에 대한 영향
⑤ 사업자집중의 국민경제발전에 대한 영향
⑥ 기타 시장경쟁 발생에 대한 영향 인자

상무부는 심사 결과 두 회사가 합병하게 된다면 수직적 측면,

수평적 측면 모두에서 시장지배적 지위를 취득하게 되어 중국 MMA시장에서 경쟁자들을 배제, 제한할 수 있는 능력을 가지게 된다고 판단하였다. 이에 따라 상무부는 제한성 조건의 부가에 대하여 사업자집중 신고인과 상담을 진행하게 되었으며, 위 회사들의 합병에 따른 시장경쟁제한적 요소를 줄일 수 있는 합의점을 찾아내게 되었다. 그 결과 상무부는 위 두 회사의 합병을 승인하면서 다음과 같은 조건을 부가하였다.

(1) 생산능력 감축(产能剥离)

루사이트는 연간 생산능력의 50%를 감축하여 동사 및 미쯔비씨 레이온과 관련이 없는 1인 또는 다수의 '제삼구매자'에게 매각하여야 한다. 감축기간은 향후 5년간이며 감축기한은 합병 후 최장 1년 이내(6개월 후 합리적 이유가 있을 경우 6개월 연장 가능)이다. 위 '제삼구매자'는 5년간 루사이트가 생산한 MMA를 원가에 살 수 있는 권리를 지닌다.

만약 감축기한 내에 생산능력 감축이 이루어지지 않을 경우 사업자집중의 양 당사자는 상무부가 지정한 독립된 수탁인이 루사이트의 지분 100%를 제삼자에게 매각하는 데 동의한다.

(2) 일정 기간 루사이트사의 독립 운영

전술한 바와 같은 루사이트의 생산능력 감축 완성 또는 지분 매각시까지 루사이트와 미쯔비씨레이온은 중국의 MMA시장에서 상호 독립적으로 운영하고 각자의 관리기구와 이사회 구성원을 분리, 구성한다.

독립운영기간 중 위 두 회사는 상호 경쟁의 기초하에 중국에서 MMA를 판매하고, 두 회사는 상호 중국시장의 정가, 고객 및 기타 경쟁과 관련이 있는 정보를 교환할 수 없다.

독립운영기간 중 위 두 회사가 본 공고문의 내용에 따라 승낙한 조건들을 중대하게 위반한 경우 인민폐 25만 위안에서 50만 위안 사이의 행정벌금을 납부하여야 하고, 구체적인 액수는 상무부가 중대한 위반의 성질 및 중국 시장경쟁에 미치는 영향에 근거하여 결정한다.

(3) 5년 내 관련상품 생산회사 인수 및 공장 설립 금지

합병 후의 미쯔비씨사는 5년 이내에는 상무부의 사전 비준을 받지 아니하고는 중국에서 MMA 개체, PMMA(폴리메타크릴산메틸) 중합물 또는 그 거푸집 생산회사를 인수하거나 새로운 공장을 설립하지 못한다.

위와 같은 상무부의 제한성 조건은 생산능력, 즉 자산의 감축이라는 새로운 방법으로 시장경쟁제한적 요소를 배제하고 있다는데 그 특색이 있다. 기존의 인베브/안호이저-부시 인수건에서 지분과 관련된 제한성 조건만을 부가한 것과는 달리 생산능력을 감축시킴으로써 한층 더 직접적으로 합병 후 회사의 시장지배적 지위의 인자를 사전 제약한 것이다. 다만 이와 같은 중국 상무부의 조치가 지나치게 회사의 경영에 개입하는 것은 아닌지에 대하여는 논란이 있을 수 있다. 향후 이와 같은 제한성 조건의 부가가 계속될 것인지 귀추가 주목되는 부분이다.

제5절 외자기업의 특칙-국가안전심사

제31조 해외 자본이 중국 경내의 기업을 인수하거나 다른 방식으로 사업자집중에 참여함으로써 국가안전에 관련되는 경우, 본법 규정에 따라 사업자집중 심사를 하는 외에 관련 국가규정에 따라 국가안전심사를 하여야 한다.

본 조항은 사업자집중이 국가안전 사안과 관련될 경우의 처리원칙에 대하여 규정하고 있다.

반독점법에서 규정하고 있는 반독점 심사는 시장경쟁의 유효한 보장, 독점행위 방지 등이므로 그 심사과정에서 주요한 관심사는 사업자집중의 반경쟁적인 효과이다. 그렇다면 본 조항에서 사업자집중에 대해 "국가안전에 관련되는 경우 국가안전심사를 하여야 한다"고 규정하고 있는 이유는 무엇인가 하는 의문이 들 수 있다.

물론 외국 자본이 중국 기업을 인수, 합병하거나 다른 방식으로 사업자집중을 하게 되는 경우 단순한 시장경쟁의 문제 뿐 아니라 국가안전에 관련된 문제가 발생할 소지가 있다. 예를 들면 방위산업체의 인수, 국가기밀을 접할 수 있는 기업의 인수 등은 단순한 시장경쟁의 유효성만을 그 심사의 전부로 삼을 수는 없으며 따라서 이와 같은 '방위안보'의 경우를 들어 국가안전심사를 하고자 한다면 이에 이의를 제기할 수는 없을 것이다.

그러나 반독점법에서는 본 조항에서 언급하고 있는 '국가안전'이 과연 무엇을 의미하는지, 또한 '국가안전심사'가 위와 같은 방위안보를 의미하는 것인지 아니면 '국가경제의 안전'까지 포함하는 개념인 것인지에 대하여 별도의 명확한 규정을 두고 있지 아니하므로 일단 이에 대하여 먼저 확인하여야 할 필요가 있다.

중국의 국가안전심사제도는 외국 자본의 중국기업 인수, 합병이 지나친 속도로 확대되고 있다는 중국 정부 및 민간의 우려에서 그 논의가 시작된 것이다. 외국 자본으로서는 중국기업을 인수함으로 인해 단기간 내에 중국 내수시장을 확보할 수 있게 되는 이점이 있으므로 중국 내수시장 장악력을 높이기 위한 손쉬운 수단으로서의 중국기업 인수·합병은 20세기 들어 확대 일로에 있었다. 따라서 이와 같은 추세가 계속될 경우 장래 중국 내수시장을 외자기업들이 모두 차지하게 될 지도 모른다는 우려가 제기되자 중국 정부는 2006년 '외국투자자 경내기업 인수·합병에 관한 규정'(关于外国投资者并购境内企业的规定)을 통해 국가안전심사제도를 도입하게 되었다.

국가안전심사에 관한 동 규정 제12조에 따르면 외국인 투자자가 경내 기업의 인수·합병을 통해 실제적인 통제권을 취득함에 있어 중점 업종과 관계되거나 국가의 경제안전에 영향이 있거나 그러할 가능성이 있는 요소가 존재하는 경우, 유명 상표 또는 중국의 전통 상표를 소유한 경내 기업의 실제 통제권의 이전을 야기하는 경우 당사자는 반드시 이를 상무부에 신고하여야 한다. 따라서 여기에서 말하는 국가안전이란 결국 방위안보보다는 '국가의 경제적 안전'을 의미한다고 하겠다.

결국 반독점법의 본 조항은 반독점법의 목적인 시장경쟁질서의 유지도 중요하지만, 한편으로 국가의 핵심 산업이 외자기업으로 넘어가 중국의 국가이익에 상당한 정도의 피해를 줄 것이라고 예상되는 경우 이와 같은 인수·합병을 승인할 것인지 여부를 결정하는 '외국 투자자 경내기업 인수·합병에 관한 규정'상의 국가안전심사제도 또한 그 의의가 있다고 인정하여 결국 외국 기업이 중국 기업을 인수·합병하는 경우 반독점법에 따른 경쟁법적 심사와 위 규정에 따른 국가이익 합치적 심사를 병존시키겠다는 점을 천명한 것으로 이해함이 상당하다. 국가안전심사의 구체적 절차와 내용에 대하여는 생략하기로 한다.

제6절 위반행위에 대한 제재

사업자가 반독점법의 규정을 위반하여 사업자집중을 실시하는 경우 국무원 반독점법 집행기구는 사업자집중 실시의 중지, 지분 또는 자산의 기한내 처분, 영업의 기한내 양도 및 기타 필요한 조치를 통해 사업자집중 전의 상태로의 회복을 명하고, 50만 위안(元, RMB) 이하의 행정벌금을 부과할 수 있다.[20]

위반행위에 대한 제재는 본서 제8장 독점행위의 법률책임 부분에서 상세히 설명하기로 한다.

---

20) 반독점법 제48조.

제6장

행정권 남용에 의한 반경쟁행위

반독점법 제6장은 행정권의 남용에 의한 경쟁의 배제, 제한을 다루고 있다.

이는 중국 반독점법의 독특한 규정 부분으로서 중국이 사회주의 계획경제체제를 수십년간 유지하여 오다가 시장경제를 부분적으로 도입하여 현재 사회주의 시장경제체제를 운영하고 있는 것과 밀접한 관련이 있다.

중국에서 행정권력에 의한 시장경쟁 배제, 제한은 학계에서 소위 '행정성 독점행위'라고 논의되고 있으며[1] 행정권력과 기업간의 유착, 지역적 봉쇄, 행적적 강제를 통한 거래 등 여러 가지 폐해를 포괄하는 개념이다. 이와 같은 폐해는 시장경쟁을 해하고 투명한 법집행을 불가능하게 함으로써 시장경제의 근간을 흔드는 등 중국 정부가 추구하는 사회주의 시장경제라는 목표를 달성하는데 큰 방해요인이 되므로 중국 정부는 반독점법을 제정하면서 이와 같은 행정권력 남용에 의한 경쟁의 배제, 제한에 대하여 한 장을 할애하여 구체적으로 규정함으로써 그 폐해를 막겠다는

1) 吴振国, 전게서, 514쪽 및 商务部条法司编(尚明 主编), 전게서, 270쪽 등 참조.

의지를 천명하였다.

본장의 내용 또한 중국 반독점법에 있어 중요한 부분임에는 틀림이 없으나 본서의 주된 목적은 우리 나라의 기업 내지 투자자들의 중국 반독점법 이해를 돕는 것이므로 독자의 입장에서 볼 때 앞에서 상술한 시장지배적 지위의 남용이나 독점협의 및 사업자집중 부분에 비해 본장에 대한 관심도는 적을 수밖에 없을 것이다.

다만, 우리 나라 기업이 특정한 지역에 진출하여 시장경쟁을 하려는 경우 해당 지역의 행정권에 의한 경쟁제한적 행위가 발생한다면 본장의 규정 내용에 의거하여 반독점 집행기구에 해당 반경쟁행위의 시정을 요구하는 등으로 권리를 구제받을 수 있다는 점에서 본장의 내용 또한 숙지하고 있어야 할 필요가 있는바, 본서에서는 행정권력의 남용에 의한 반경쟁행위 부분에 관하여 반독점법의 규정 내용을 이해하는데 도움이 되는 범위에서 간략하게 설명하기로 한다.

제1절 행정권 남용에 의한 교역강제

제32조 행정기관과 법률, 법규가 수권한 공공사무 관리기능을 가지고 있는 조직이 행정권을 남용하여 그가 지정한 사업자가 제공하는 상품을 단위나 개인 사업자로 하여금 구매, 사용하도록 강제하거나 변칙적인 방법을 통해 강제하여서는 아니된다.

반독점법 제32조는 행정권 남용에 의한 교역강제를 규율하고 있다.

Ⅰ. 행정권력 남용의 주체

반독점법에서 규정하고 있는 행정권 남용의 주체는 '행정기관'과 '공공조직'이다. 행정기관에는 각급 지방정부 및 그에 소속된 부문이 있으며, 공공조직은 각종 법률과 법규에 의하여 공공사무 관리기능이 부여된 조직이다.

행정기관의 경우 본장의 규율 대상으로서의 주체성이 비교적 명확하나 공공조직의 경우 그 주체성에 대하여 조금 더 구체적으로 분석해 보아야 한다. 공공조직은 공공사무 관리기능을 행사하는 동시에 일정한 경우 직접 시장에서 사업자로서의 역할을 수행하고 있기도 하기 때문이다.

해당 공공조직이 일반적인 시장경쟁자로서 행위하는 경우 전술한 '행정성 독점행위'로서의 성격을 지니고 있다고 보기 어려울 것이므로 본장의 규정을 통해 규율하기 보다는 경제성 독점행위에 대한 독점협의, 시장지배적 지위남용 등의 규정들을 통해 규율함이 상당할 것이다.

결국 본장의 규정에 따라 규율되는 공공조직의 행위는 공공사무 관리기능에 근거하여 경쟁을 배제, 제한하는 행정성 독점행위에 국한되어야 할 것이다.

Ⅱ. 교역의 강제

본 조항이 금지하고 있는 행위는 '행정권을 남용하여 단위(單位)[2]나 개인사업자로 하여금 특정한 사업자가 제공하는 상품을

2) 직장, 기관, 단체 또는 그 내부의 특정한 부서 등을 뜻한다.

구매, 사용하도록 강제하거나 변칙적인 방법을 통해 강제하는 것'이다.

행정권의 남용을 통한 이와 같은 교역강제가 강제의 대상인 단위나 개인사업자, 그리고 최종적으로 물품을 공급받는 소비자 모두에게 피해를 줄 가능성이 높음은 충분히 예측 가능하므로 반독점법은 이와 같은 행위를 금지하고 있는 것이다. 행정기관 내지 공공조직이 직접적인 지방성 조례 내지 지침 등의 제정을 통해 특정 기업과의 교역을 강제하는 경우가 전형적인 예에 해당할 것이다.

다만 본 조항에서 문제가 되는 것은 위와 같은 전형적인 사례가 아닐 경우, 특히 본 조항 하단에서 규정하고 있는 '변칙적인 방법을 통해 교역을 강제'하는 것이 과연 어떠한 행위이며, 어떠한 경우에 금지의 대상으로 인정될 수 있을 것인가 하는 것이다. 변칙적인 방법을 통한 교역강제의 경우 행정권의 남용이 수반되었는지 여부 또한 외관상 명확하지 않을 수도 있기 때문이다.

결국 본 조항의 적용에 있어서는 사안별로 행정기관 또는 공공조직이 특정한 사업자에게 일정한 혜택을 부여하거나 불이익을 가하였는지 여부를 구체적으로 확인하고 그로 인하여 시장에 나타난 결과와의 인과관계를 인정할 수 있는지 여부를 판단하는 방법을 택할 수밖에 없을 것이다.

특정 지방정부가 해당 지방의 특산물을 포장하는 포장용기 사업자에게 경제적 이익을 주기 위해 해당 사업자의 포장용기를 사용하여 포장한 특산물의 경우 세금을 일정 부분 감면해 주는 조치를 취하는 경우를 예로 들 수 있다.

이 경우 해당 지방정부는 직접적으로 교역을 강제한 것은 아니지만 실질적으로 모든 사업자는 세금 혜택을 위해 모두 특정 사업자의 포장용기를 구매하였을 것이므로 이러한 지방정부의 행위는 '행정권을 남용'하여 '변칙적인 방법을 통해 교역을 강제' 한 것으로 판단될 수 있는 것이다.

제2절 행정권 남용에 의한 지역봉쇄

제33조 행정기관과 법률, 법규가 수권한, 공공사무 관리기능을 갖고 있는 조직이 행정권을 남용하여 다음과 같은 행위를 함으로써 지역간 상품의 자유로운 유통을 방해하여서는 아니된다.

1) 타지역 상품을 차별하는 요금 항목을 만들고, 요금 기준을 실행하거나 차별적 가격을 규정하는 행위

2) 타지역 상품에 대하여 현지의 동종 상품과 구별되는 기술적 요구, 검사기준을 규정하거나 타지역 상품에 대하여 중복검사, 중복인증 등 차별적 조치를 취하여 타지역 상품의 현지 시장 진출을 제한하는 행위

3) 타지역 상품에만 행정허가제도를 채택하여 타지역 상품의 현지 시장 진출을 제한하는 행위

4) 검문소[3]를 설치하거나 기타 수단을 통해 타지역 상품의 진입 또는 현지 상품의 반출을 방해하는 행위

5) 지역간 상품의 자유로운 유통을 방해하는 기타 행위

반독점법 제32조는 행정권 남용에 의한 지역봉쇄를 규율하고 있다.

이와 같은 행정권에 의한 지역봉쇄는 해당 지역의 경제적 이

3) 원문은 '关卡'로서 검문소 등의 유형적 장애물을 말하나 여기에서는 편의상 검문소로 번역하였다.

익을 추구하기 위한 것으로 중국의 개혁개방정책 이후 지방의 재정을 중앙정부와 분리한 것이 그 주된 원인이다. 그러나 이와 같은 행위들은 현지와 타지역간의 자유로운 교역을 방해하여 시장경쟁을 해하고 결과적으로 소비자의 이익을 해하기 때문에 반독점법에서 이를 금지하는 규정을 두고 있는 것이다. 그 내용은 다음과 같다.

Ⅰ. 가격의 차별

반독점법은 타지역 상품을 차별하는 요금 항목을 만들고, 요금 기준을 실행하거나 차별적 가격을 규정하는 행위를 금지하고 있다.

가격은 시장경제에 있어 수요와 공급을 조절하는 가장 중요한 요소이다. 동종 상품의 가격 차별은 국가에 따라 자국 산업의 보호를 위해 법률에 기하여 부과되는 관세 등의 세금으로 인하여 발생할 수는 있으나, 같은 국가 내에서 특정 지방 정부의 이익을 위하여 타지역 상품과의 차별적인 요금 기준 내지 가격 결정이 허용된다면 시장경제제도 자체의 근간을 흔들 수 있다. 따라서 이와 같은 행위는 엄격하게 금지된다.

Ⅱ. 검사기준의 차별

타지역 상품에 대하여 현지의 동종 상품과 구별되는 기술적 요구, 검사기준을 규정하거나 타지역 상품에 대하여 중복검사, 중복인증 등 차별적 조치를 취하여 타지역 상품의 현지 시장 진출을 제한하는 행위 또한 실질적으로 시장경쟁을 해하는 행위이므로 반독점법에서 금지되고 있다.

Ⅲ. 타지역 상품에 한정된 행정허가

인허가(認許可)는 행정기관이 가장 손쉽게 행정권력을 통해 경제를 관리할 수 있는 수단이다.

중국의 경우 상당 기간 동안 사회주의 계획경제를 운용하던 시기가 있었으므로 행정허가를 통한 경제의 관리가 보편적으로 인식되고 있으며, 일부 지역에서는 아직도 관료들에 의해 이와 같은 제약을 통해 현지 경제주체들에게 이익을 주려는 행위들이 목격되고 있다.

이에 따라 중국 정부는 한편으로 '행정허가법'을 통해 타지역의 상품이 현지 시장에 진입하는 행위에 대하여 허가를 받도록 지방정부에서 규정하는 것을 금지하고, 다른 한편으로는 반독점법의 해당규정을 통해 행정성 독점행위로 규제하고 있다.

Ⅳ. 검문소의 설치 등

검문소를 설치하거나 기타 수단을 통해 타지역 상품의 진입 또는 현지 상품의 반출을 방해하는 행위 또한 본 조항에 의하여 금지되고 있다.

Ⅴ. 기 타

반독점법은 포괄적 개념으로 '지역간 상품의 자유로운 유통을 방해하는 기타 행위'를 규정하여 그 형태를 불문하고 행정기관,

공공조직의 지역봉쇄적 행위를 모두 금지한다는 태도를 취하고 있다.

제3절 행정권 남용에 의한 입찰방해

제34조 행정기관과 법률, 법규가 수권한 공공사무 관리기능을 가지고 있는 조직이 행정권을 남용하여 차별적인 자격요건, 심의기준을 설정하거나 법에 의거하지 아니한 정보를 발표하는 등의 방식으로 현지에서 타지역 사업자의 입찰활동을 배척하거나 제한하여서는 아니된다.

반독점법 제34조는 행정권 남용에 의한 입찰방해를 규율하고 있다.

행정기관, 공공조직은 차별적인 자격요건이나 심의기준을 설정하거나 법률의 규정을 어기고 정보를 가르쳐 주는 등의 방법을 통해 현지 사업자에게 이익을 부과하여 그 결과 타지역 사업자들이 현지에서 입찰활동을 하는데 제약을 가해서는 아니된다.

여기에서 입찰활동이라 함은 입찰하는 행위와 입찰에 응하는 행위를 모두 포함하며 관용 상품, 관용 서비스 등의 구매 입찰뿐 아니라 모든 종류의 입찰을 포함하는 개념이다.

중국은 반독점법 이외에도 〈입찰법〉(招标投标法), 국무원의 〈시장경제활동 중 지역봉쇄실행 금지 규정〉(关于禁止在市场经济活动中实行地区封锁的规定) 등으로 입찰방해행위를 규제하고 있다.

제4절 행정권 남용에 의한 불평등대우

제35조 행정기관과 법률, 법규가 수권한 공공사무 관리기능을 가지고 있는 조직이 행정권을 남용하여 현지 사업자에 비해 불평등한 대우를 하는 등의 방식으로 타지역 사업자의 현지 투자 또는 지사 설립을 배척하거나 제한하여서는 아니된다.

반독점법 제35조는 행정권 남용에 의한 불평등대우를 규율하고 있다.

행정기관, 공공조직은 현지 사업자들의 이익을 위해 타지역 사업자들로 하여금 현지에 투자를 하지 못하도록 하거나 지사 설립을 하지 못하도록 할 수 있다.

행정기관이나 공공조직이 행정권을 남용하여 타지역 사업자에게 불평등한 대우를 할 수 있는 방식으로는 1) 직접적으로 타지역 사업자들이 현지에 투자를 하지 못하게 하거나 지사(또는 지점)를 설립하지 못하도록 금지하는 행위, 2) 타지역 사업자들이 현지에 투자를 하거나 지사를 설립하려고 하는 경우 투자 내지 설립 과정에서 현지 사업자들과 차별적인 조건을 제시함으로써 실질적으로 진입장벽을 만드는 행위, 3) 현지 진입 후 세금, 검역, 환경, 위생 등 여러 가지 방법을 통해 실질적으로 현지에서 투자사업을 진행하거나 지사 운영을 하기 힘들도록 하여 철수하도록 만들고 후속 투자자로 하여금 현지에 투자를 하는 것을 포기하게끔 하는 행위 등을 들 수 있다.

위와 같은 방법 이외에도 행정기관, 공공조직은 여러 가지 수단을 사용하여 실질적으로 현지에서의 사업 진행을 곤란하게 할 수 있다. 이와 같은 행위는 중국이 가입한 WTO협정에서도 엄격하게 금지하고 있는 것이므로 중국은 외국 기업의 투자와 관련된 중외합자경영기업법(中外合资经营企业法), 중외합작경영기업법(中外合作经营企业法), 외상투자기업법(外商投资企业法) 등 해당 법률에서 외국 기업의 현지 진출을 방해하는 행위를 규율하고 있는 동시에 반독점법의 해당 부분에서도 이와 같은 현지 지방정부 내지 공공조직의 방해행위를 엄격히 금지하고 있다.

제5절 행정권 남용에 의한 독점행위 강제

> 第36条 **행정기관과 법률, 법규가 수권한 공공사무 관리기능을 가지고 있는 조직이 행정권을 남용하여 사업자로 하여금 이 법이 규정하고 있는 독점행위를 하도록 강제하여서는 아니된다.**

반독점법 제36조는 행정권 남용에 의한 독점행위 강제를 규율하고 있다.

여기에서 말하는 독점행위 강제는 행정기관, 공공조직이 그 행정권력을 이용하여 특정 사업자로 하여금 반독점법에서 금지하고 있는 시장지배적 남용행위, 독점협의, 금지된 사업자집중 등을 하도록 강제함을 뜻한다.

이와 같은 독점행위의 강제는 시장의 공정한 경쟁을 훼손하여 많은 소비자, 기업 및 심지어 독점행위가 강제되는 해당 사업자에게까지 손해를 입힐 수 있다. 따라서 중국은 반부정당경쟁법

(反不正当竞争法)[4] 第7조에서 행정독점행위에 대하여 규정하고 보충적으로 반독점법에서도 이와 같은 행위에 대하여 규정하여 법률에 의한 행정독점행위의 규율을 완비하고 있다.

위와 같은 행정기관이나 공공조직의 행위는 일종의 행정처분으로서의 성격을 지니므로 그 행위의 피해자는 위와 같은 행위에 대하여 직접 행정복의(行政复议)[5] 또는 행정소송을 통해 자신의 정당한 이익을 보호할 수 있을 것이다.

제6절 행정기관에 의한 반경쟁성 규정의 제정

> **第37조 행정기관은 행정권을 남용하여 경쟁을 배제, 제한하는 내용을 포함한 규정을 제정하여서는 아니된다.**

반독점법 第37조는 행정기관에 의한 반경쟁성 규정의 제정을 규율하고 있다.

본 조항은 소위 추상적 행정행위의 각도에서 행정기관이 행정권력을 남용하여 시장경쟁을 제한 또는 배제하는 행위를 바라보고 있다. 즉, 구체적인 행위를 통해 시장경쟁을 해하는 것이 아니라 특정한 규정을 제정하여 해당 사업자들이 그 규정을 준수하도록 함으로써 결과적으로 시장경쟁을 해하는 것을 규율하기 위한 규정 내용이다.

본 조항이 규정하고 있는 '규정'(规定)은 광의의 개념으로서

---

4) 우리 나라의 부정경쟁방지법에 해당한다.
5) 우리 나라의 행정심판과 유사한 개념이다.

행정입법, 행정기관이 반포한 구속력있는 결정, 명령, 방법(办法)[6] 등을 말한다. 지방정부가 관리규정 등을 통해 신선제품의 판매장소를 제한하는 경우 제품의 광범위한 유통이 저해되므로 결국 시장경쟁을 해하는 결과가 초래된다는 예를 들 수 있을 것이다. 따라서 이와 같은 행위는 행정권력의 남용이라고 판단되는 경우 금지된다. 다만 여기에서 '행정권력의 남용'에 해당하는지에 대하여 판단하는 것은 해당 법규의 필요성, 해당 상품의 유통 과정, 수요와 공급의 상태 등 여러 가지 요소를 종합적으로 고려하여야 할 것이다.

6) 중국에서는 '방법', '규정' 등의 명칭을 사용하여 명령성 법규를 반포하는 경우가 적지 않다

제7장

독점행위에 대한 조사

반독점사건의 조사절차는 반독점법의 규정 내용 중 중요한 부분이다. 반독점법 위반 여부가 실제로 문제되는 경우 이를 조사하는 기관의 설치가 합리적인지, 조사처리절차가 타당성이 있는지, 당사자의 권익을 충분히 보장하고 있는지 등은 반독점법의 실효성을 보장하는 중요한 요소이기 때문이다. 이에 따라 반독점법은 각 해당 부분에서 조사 절차 등에 관해 구체적으로 규정하고 있는 것과는 별도로 제7장에서 반독점법 집행과정 전반에 걸친 조사과정을 규정하고 있다.

또한 반독점 사건을 조사하는 절차를 다루기 위하여는 반독점 사건을 조사하는 주체를 명확히 하는 것이 선결적 문제인바 본 법 제9조, 제10조에서 반독점기구로서 국무원 산하의 반독점위원회와 반독점 집행기구에 관하여 규정하고 있기는 하나 반독점 집행기구의 조사 권한, 의무 등에 대하여도 구체적으로 규율할 필요가 있으므로 본장에서 이에 대하여 조사를 받는 당사자의 협조 의무, 진술권 등과 함께 구체적인 규정을 두고 있다.

마지막으로 본장에서는 반독점법 집행의 융통성을 위한 '동의명령제도'에 대하여 규정하고 있다.

후술하겠으나 우리 나라도 2008년도에 공정거래법 개정안을 통해 동의명령제도를 도입하려고 하다가 현재 보류된 상태로서 이와 같은 동의명령제도는 특히 사업자집중과 관련하여 활용가능성이 높다는 점에서 자세하게 알아볼 필요가 있다.

이하에서 반독점 집행기구의 권한, 조사의 구체적 절차, 당사자의 협조의무, 진술권, 동의명령 제도 등에 대하여 살펴보기로 한다.

제1절 독점협의행위에 대한 조사의 개시

제38조 반독점법 집행기구는 법에 의거하여 독점협의행위를 조사한다.

어떠한 단위 또는 개인이더라도 독점협의행위를 반독점법 집행기구에 고발할 수 있다. 반독점법 집행기구는 고발자의 비밀을 지켜주어야 한다.

고발이 서면으로 이루어지고 관련 사실과 증거가 제공된 경우 반독점법 집행기구는 필요한 조사를 진행하여야 한다.

Ⅰ. 조사의 주체

반독점법 제38조는 독점혐의가 있는 행위를 조사하는 주체가 반독점법 집행기구임을 명시하고 있다.

전술한 바와 같이 반독점법은 독점규제기구를 이원화하여 반독점법 제9조에 근거한 반독점위원회와 반독점법 제10조에 근거한 반독점법 집행기구로 나누고 있으며 반독점위원회는 반독점 정책의 검토와 각종 지침의 제정, 시장의 경쟁상황 조사 및 평가 등의 업무를 수행하고 이에 따른 실질적인 반독점법의 집행은 집행기구에 맡기고 있다.

반독점법 제38조는 동법 제10조의 규정을 보충하여 독점혐의가 있는 행위의 조사권이 반독점법 집행기구에 있다고 규정하고 있으므로, 사업자집중 관련 조사의 경우 상무부 산하 반독점국이, 독점협의와 시장지배적 지위 남용(가격관련 협의 내지 남용은 제외), 행정성 독점행위 관련 조사의 경우 국가공상행정관리총국(통칭 '공상총국') 산하의 반독점및반부정당경쟁집법국(反垄断与反不正当竞争执法局)이, 가격과 관련된 독점협의와 시장지배적 지위 남용 관련 조사의 경우 국가발전개혁위원회(통칭 '발개위') 산하의 가격감독사(价格监督司)가 각 독점혐의행위를 실제로 조사하는 기관이 된다.

Ⅱ. 고발권

반독점법 제38조는 독점혐의행위에 대한 고발권을 규정하여 반독점법 집행기구의 조사개시 사유를 명시하고 있다.

동 법에 따르면 독점혐의가 있다고 여겨지는 행위는 '어떠한 단위 또는 개인'도 고발할 수 있다. 독점혐의행위에 대한 고발권을 모든 자연인과 법인, 기타 조직에 부여한 것이다.

따라서 독점혐의행위로 인하여 직접적으로 피해를 입거나 피해를 입을 가능성이 있는 사람은 물론, 자신과 해당 독점혐의행위가 직접적으로 관련이 없는 사람까지 모두 독점혐의를 고발할 수 있다. 우리 나라 공정거래법 제49조 제2항이 "누구든지 이 법의 규정에 위반되는 사실이 있다고 인정할 때에는 그 사실을 공정거래위원회에 신고할 수 있다"고 규정하고 있는 것과 동일하다.

Ⅲ. 반독점법 집행기구의 직권조사권

한편 우리 나라 공정거래법의 경우 제49조 제1항에서 "공정거래위원회는 이 법의 규정에 위반한 혐의가 있다고 인정할 때에는 직권으로 필요한 조사를 할 수 있다"고 규정하고 있는데 반해, 중국 반독점법은 "반독점법 집행기구는 법에 의거하여 독점혐의행위를 조사한다"고만 규정하고 있어 이와 같은 반독점법의 규정이 반독점법 집행기구의 직권조사권한까지 인정한다는 의미인지, 아니면 '단위나 개인'의 고발이 있어야 조사를 개시할 수 있다는 것인지에 대한 해석상 논란이 있을 수 있다.

비록 반독점법에서 반독점법 집행기구가 '직권으로 조사를 할 수 있다'고 명시하고 있지는 아니하나 각국의 입법례는 대부분 우리 나라 공정거래법의 규정과 동일한 내용의 직권조사권한을 인정하고 있으며, 반독점법 또한 이러한 입법례들에 기초하여 제정되었다는 점에서 반독점법 집행기구의 직권 조사권한은 당연히 인정된다고 본다.

Ⅳ. 고발자 보호

반독점법 제38조는 또한 단위나 개인이 타인의 독점혐의행위를 고발한 경우 반독점법 집행기구가 고발자의 비밀을 지켜 주어야 한다고 규정하고 있다.

V. 반독점법 집행기구의 조사의무

반독점법 집행기구는 위에서 살펴본 바와 같이 직권 또는 고발에 의하여 독점혐의행위에 대한 조사를 개시할 수 있다.

그러나 반독점법은 특정한 경우 반독점법 집행기구는 반드시 조사를 진행하여야 한다고 규정하고 있다. 즉 '관련 사실과 증거를 제공하여 서면으로 고발한 경우' 반독점법 집행기구는 반드시 필요한 조사를 진행하여야 하는 것이다.

우리 나라 공정거래법에서 이와 같은 조사의무를 직접적으로 명시하고 있지는 않으나 제49조 제3항에서 신고에 의하여 조사를 한 경우 그 결과를 당사자에게 통지하여야 한다고 규정하고 있고 이에 따라 심사불개시 사유에 해당되는 예외적인 경우를 제외하고는 의무적으로 '사건심사착수보고'를 하도록 함으로써 신고내용을 모두 사건화하여 처리하는 것이 원칙으로 되어 있는 점[1)]을 볼 때 우리 나라 또한 공정거래위원회의 조사의무가 있다고 봄이 상당할 것이다. 중국 또한 우리 나라의 입법례를 참조하여 반독점법 집행기구의 조사의무를 반독점법 자체에서 규정한 것으로 보인다.

다만 이와 같이 반독점법 집행기구가 서면 고발의 경우 조사에 반드시 착수하도록 의무화함은 한정되어 있는 인적·물적 자원이 경미한 고발 사건에 과도하게 동원되어 실질적인 법집행의 효율성을 떨어뜨리는 결과를 낳을 수 있는바 이에 대하여 중국 반독점법은 '사실과 증거'가 제공된 경우에만 조사를 진행할 의무

1) 공정거래위원회 사건절차규칙 제10조 참조.

가 있음을 명시하고 있다. 구체적 입증까지는 아니더라도 고발자가 독점협의행위에 대한 일종의 '소명'을 하여야 반독점법 집행기구가 조사를 개시하여야 한다는 의미로 해석될 수 있으며 이러한 규정을 통해 반독점법 집행기구가 단순한 사적 분쟁의 해결수단으로 오용되는 폐해를 막을 수 있는 여지를 남겨 두었다는 점에서 신선한 입법례라고 할 수 있을 것이다.

제2절 반독점법 집행기구의 권한

제39조 반독점법 집행기구는 독점협의행위를 조사할 때 다음과 같은 조치를 취할 수 있다.

1) 조사 대상 사업자의 영업장소나 기타 관련 장소에 진입하여 조사할 수 있다.

2) 조사 대상 사업자, 이해 관계자 또는 기타 관련 단위나 개인을 상대로 질문하고 관련 상황에 대한 설명을 요구할 수 있다.

3) 조사 대상 사업자, 이해 관계자 또는 기타 관련 단위나 개인의 관련 증빙서류, 협의서, 회계장부, 업무 관련 서한(팩스), 전자데이터 등의 서류나 자료를 열람, 복사할 수 있다.

4) 관련 증거를 봉인, 압류할 수 있다.

5) 조사 대상 사업자의 은행계좌를 조회할 수 있다.

위에서 규정한 조치를 취하는 경우 반독점법 집행기구 주요 책임자에게 서면으로 보고하여 승인을 받아야 한다.

반독점법 제39조는 반독점법 집행기구가 독점협의행위를 조사하기 위해 필요한 각종 권한에 대하여 규정하고 있다. 반독점법 집행기구는 수사기관이 아니기 때문에 법률에서 이와 같은 조사와 관련된 강제조치 권한을 부여하지 않으면 독점혐의에 대한 조사가 제대로 이루어질 수 없기 때문이다.

반독점법이 규정하고 있는 반독점법 집행기구의 권한은 우리나라 공정거래법 제50조에서 규정하고 있는 공정거래위원회의 권한과 비교적 유사한 측면이 많으나 권한의 강제력이 상당 부분 강화되었다는 점에서 특색이 있다. 구체적인 내용은 다음과 같다.

Ⅰ. 장소 진입권

반독점법 집행기구는 조사 대상 사업자의 영업장소나 기타 관련 장소에 진입하여 조사할 수 있다.

동 규정에서는 일정한 장소에 진입할 수 있는 권한을 부여하는데 그치고 있을 뿐 '수색'할 수 있는 권한이 있다고 명시하고 있지는 아니하나 아래 Ⅲ, Ⅳ항에서 조사기관의 열람, 복사권, 압류권 등을 부여하고 있는 것을 감안한다면 실질적으로 동 장소를 수색할 수 있는 권한을 부여하고 있다고 볼 수 있다.

Ⅱ. 질문권

반독점법 집행기구는 조사 대상 사업자, 이해관계자 또는 기타 관련 단위나 개인을 상대로 독점혐의행위와 관련된 내용에 대하여 질문할 수 있으며, 관련 상황에 대한 설명을 요구할 수도 있다.

Ⅲ. 자료 열람, 복사권

반독점법 집행기구는 조사 대상 사업자, 이해관계자 또는 기타 관련 단위나 개인의 관련 증빙서류, 협의서, 회계장부, 업무 관련 서한(팩스), 전자데이터 등의 서류, 자료를 열람하고 이를 복사할 수 있다.

이와 같은 권한은 조사에 필요한 자료를 확보하기 위하여 필수적이므로 이와 같은 행위를 방해하는 당사자 및 기타 이해관계인의 행위 등은 처벌대상이 된다. 반독점법 제52조는 본 조항과 관련하여 '위조한 자료, 정보를 제공하거나 증거를 은닉, 소각, 이전하는 경우' 행정벌금을 부과하는 것으로 규정하고 있다.

Ⅳ. 봉인, 압류권

반독점법 집행기구는 조사에 필요한 관련 증거를 봉인, 압류할 수 있다.

동 조항에 명시적으로 당사자, 이해관계인, 참고인 등에 대한 자료 제출권을 명시하고 있지는 아니하나 관련 증거의 봉인, 압류권한을 인정하고 있음은 반독점법 집행기구가 자료를 제출받을 수 있는 권한이 있다는 것을 전제하고 있다고 봄이 타당하므로 본 조항에 따라 반독점법 집행기구는 자료의 제출을 요구하고 이를 봉인, 압류할 수 있다고 봄이 타당하다.

다만, 우리 나라 공정거래법의 경우 제50조 제3항에서 자료제출요구의 대상을 '사업자, 사업자단체 또는 이들의 임직원'이라고 한정하고 있으나 중국 반독점법은 이와 같이 자료제출을 요구할 수 있는 대상을 명시하지 아니하고 단지 반독점법 집행기구가 관련 증거를 봉인, 압류할 수 있다고만 규정하고 있다. 따라서 동 규정은 반독점법 집행기구에게 불명확하고 지나치게 광범위한 권한을 부여하는 것이 아닌가 하는 비판의 여지가 있을 수 있다. 특히 다음 항에서 다루고 있는 은행계좌 조회권의 경우 조사 대상 사업자의 은행계좌로 한정하고 있는 것과 비교해 볼 때 더욱 그렇다고 할 수 있다.

현재까지 이와 관련된 명시적인 실시세칙 등이 나오지 않고 있으나 향후 법률 수정 내지 실시 세칙 등을 통해 가다듬을 필요가 있다고 본다

V. 은행계좌 조회권

반독점법 집행기구는 사업자의 은행계좌를 조회할 수 있다.

우리 나라 공정거래법의 경우 제9조 제1항(상호출자의 금지등) 위반 및 제23조(불공정거래행위의 금지) 제1항 제7호 위반의 조사와 관련하여서만 금융기관에 금융거래정보의 제공을 요구할 수 있도록 규정하고 있으나, 반독점법은 '조사대상 사업자의 은행계좌'로 대상을 한정하고 있으므로 반독점법 집행기구는 조사에 필요한 모든 경우에 사업자의 은행계좌를 조회할 수 있다. 그래서 당사자의 권익을 지나치게 침해하는 것이 아닌가 하는 입법론적 비판의 여지가 있다고 본다.

또한 다른 측면에서 볼 때에는 조회할 수 있는 은행계좌가 '조사대상 사업자'로 한정됨으로 인해 연결계좌추적 등을 할 수 없게 되므로 조사의 범위가 그만큼 제한되어 반독점법 집행기구의 조사가 제약될 수 있는 여지도 있다. 입법론적인 검토가 필요

한 부분이라고 하겠다.

반독점법 집행기구는 위와 같은 장소진입권, 질문권, 자료 열람, 복사권, 봉인, 압류권, 은행계좌조회권 등의 권한을 행사할 수 있으나 위와 같은 조치를 취할 때에는 모두 반독점법 집행기구의 주요 책임자에게 서면으로 보고한 후 승인을 받아야 한다. 각 조사권한에 따라 공정위의 의결이 필요하거나 특별한 승인 또는 의결 없이 행사가 가능하기도 한 우리 나라 공정거래법의 내용과 약간 다른 점이라 할 수 있다.

이 때 위와 같은 권한의 행사를 승인할 수 있는 '주요 책임자'가 누구인지에 대하여는 아직 특별한 규정이 반포되지 아니한 상태이다. 입법론적으로는 우리 나라 공정거래법의 규정과 같이 각 권한의 내용에 따라 반독점 집행기구의 조사관이 직권으로 행사 가능한 권한, 반독점법 집행기구의 장의 승인을 받아야 하는 권한, 반독점위원회의 의결을 거쳐야 하는 권한 등으로 세분하는 방법을 생각해 볼 수 있을 것이다.

제3절 조사절차

I. 집법담당자

제40조 반독점법 집행기구가 독점협의행위를 조사하는 경우 집법담당자[2]는 2명 이상이어야 하며, 집법증명서를 제시하여야 한다.

---

2) 원문은 '执法人员'으로서 법률을 집행하는 담당자라는 뜻이다.

집법담당자는 질문, 조사를 할 경우 반드시 그 내용을 서면으로 작성한 후 질문대상자나 조사대상자의 서명을 받아야 한다.

반독점법 제40조는 '집법담당자'라는 개념을 사용하여 구체적인 조사절차에 관하여 규정하고 있다.

집법담당자(执法人员)는 반독점법 집행기구의 소속 직원으로서 직접 조사를 담당하는 사람을 뜻한다. 반독점법은 독점협의행위 조사시 적어도 2명 이상의 집법담당자가 참여하여야 한다고 규정하고 있다. 이는 조사과정의 공정성과 준법절차의 보장을 위한 것이라고 이해된다.

집법담당자는 조사를 하기 위하여 집법증명서(执法证件)를 제시하여야 하는 바 여기에서 집법증명서란 반독점법 집행기구가 발부한 조사명령서 등의 법률적 서류를 말한다.

집법담당자는 당사자, 이해관계인, 기타 단위나 개인에게 질문을 하거나 조사를 할 경우 반드시 이를 서면으로 남겨야 하고, 조사대상자나 질문대상자의 서명을 받아야 한다. 이는 일종의 '조서'로서의 성격을 지닌 문서가 될 것이나, 반독점법에서는 그 문서의 법률적 성격에 대하여 구체적으로 다루지는 않고 있다.

해석상으로는 동 조항에서 이와 같은 문서에 조사대상자나 질문대상자의 서명을 받아야 한다고 규정하고 있는 것으로 볼 때 해당 진술자가 그 진술에 대하여 추후 번복할 수 없음을 간접적으로나마 확인함으로써 해당 문서에 대하여 조사 및 결정과정에 있어 일종의 '증거능력'을 부여하고 있는 것이라고 볼 여지가 있다.

다만, 후술하는 바와 같이 조사대상 사업자나 이해관계자는 조사과정에서 자기의 견해를 진술할 수 있는 권한이 있으므로 사업자나 이해관계자가 조사기관의 조사에 응하여 진술하고 서명한 바 있는 서면의 내용을 추후 번복하고 다른 진술을 할 수도 있는바, 이러한 경우 이미 작성된 서면을 독점혐의 결정에 있어서 자료로 사용할 수 있는지에 대하여 명확한 규정이 없으므로 향후 이러한 경우의 법적 해석에 관하여 논란이 있을 것으로 보인다.

Ⅱ. 반독점집행기구의 비밀보호의무

제41조 반독점법 집행기구 및 소속 직원은 법률집행 과정에서 알게 된 상업비밀을 보호할 의무가 있다.

동 조항은 반독점법 집행기구 및 소속 직원의 비밀보호의무에 대하여 규정하고 있다.

독점혐의행위를 조사하는 과정에서 반독점법 집행기구 및 그 직원들은 사업자의 상업비밀, 즉 기업의 주요 고객 명단, 거래처 현황, 향후의 경영전략 등을 용이하게 파악할 수 있다. 따라서 이와 같은 상업비밀이 다른 사업자에게 노출되는 경우 해당 사업자로서는 상당한 타격을 받게 되므로 반독점법 집행기구에게 이러한 상업비밀을 보호해야 하는 의무를 부과함으로써 해당 사업자의 권익을 보장하는 것이다.

반독점법에서는 본 조항에서 규정하고 있는 '상업비밀'의 개념에 대하여 별도로 설명하고 있지는 아니하나 본 조항과 유사한 내용을 담고 있는 중국 반부정당경쟁법(反不正当竞争法) 제10조에서 상업비밀을 "경제적 이익을 수반하고, 실용성이 있으며, 권리자가 비밀조치를 취하고 있고, 공중이 알고 있지 아니한 기술정보나 경영정보"라고 정의하고 있으므로 이와 동일한 개념으로 이해하면 될 것이다.

Ⅲ. 피조사자의 권리와 의무

> **제42조 조사를 받는 사업자, 이해관계인 또는 기타 관련 단위나 개인은 반독점법 집행기구의 법에 따른 직책 이행에 협조하여야 하며 반독점법 집행기구의 조사를 거부하거나 방해하여서는 아니된다.**
>
> **제43조 조사를 받는 사업자, 이해관계인은 의견을 진술할 권한이 있다. 반독점법 집행기구는 조사를 받는 사업자, 이해관계인이 제출하는 사실, 이유, 증거를 확인하여야 한다.**

반독점법 제42, 43조는 반독점법 집행기구로부터 조사를 받는 자의 권리와 의무에 대하여 규정하고 있다.

1. 피조사자의 의무

반독점법 집행기구로부터 조사를 받는 사업자, 이해관계인, 관련 단위나 개인은 집행기구의 조사에 협조하여야 하며 조사를 거부하거나 방해하여서는 아니되는 의무를 부담한다. 반독점법 집행기구의 집행실효성을 높이기 위한 규정으로서 이에 상응하여 반독점법은 조사를 방해하는 각종 행위들을 처벌하는 내용의 규정을 두고 있다.[3] 자세한 내용은 해당 부분에서 후술한다.

3) 반독점법 제52조 참조.

2. 피조사자의 권리

한편 반독점법은 피조사자에게 위와 같은 의무만을 부과하는 데 그치지 아니하고, 의견진술권을 부여하고 있다. 즉, 조사를 받는 사업자, 이해관계인은 반독점법 집행기구에 자신의 의견을 진술할 권리가 있으며, 이 경우 반독점법 집행기구는 의견진술자가 제출한 사실, 이유 및 증거를 확인하여야 한다. 이 때 주의하여야 할 점은 의견진술권은 '조사를 받는 사업자와 이해관계인'에 한정될 뿐 이해관계가 없는 개인이나 단위에는 인정되지 않는다는 것이다.

제4절 조사결과의 처리

제44조 반독점법 집행기구는 독점혐의행위를 조사, 확인한 후 독점행위를 구성한다고 인정할 경우 법에 의거하여 그 처리를 결정하여야 하고, 이를 사회에 공포할 수 있다.

반독점법 제44조는 반독점법 집행기구가 독점행위에 대해 처리를 결정하는 절차에 대해 규정하고 있다.

반독점법 집행기구는 조사를 거쳐 독점혐의행위가 독점행위를 구성함을 입증할 증거가 충분한 경우 법정 절차에 따라 반독점법에 규정되어 있는 법률책임에 상응하는 처분을 내리는 결정을 하여야 한다. 또한 이와 동시에 그 내용을 사회에 공포할 것인지 여부를 결정하여야 한다.

처분의 결정은 의무적이나 사회에 공포할지 여부는 구체적

상황에 따라 탄력적으로 결정할 수 있다. 다만 앞서 설명한 바와 같이 사업자집중 금지결정 또는 제한성 조건부 승인결정을 하는 경우에는 반드시 이를 공고하여야 한다.[4] 본 조항의 예외라고 할 수 있다.

제5절 동의명령제도

> **제45조** 반독점법 집행기구로부터 독점혐의행위에 관하여 조사를 받고 있는 사업자가 반독점법 집행기구가 인가하는 기한 내에 구체적인 조치를 통해 당해 행위의 결과를 제거하겠다고 동의하는 경우 반독점법 집행기구는 조사의 중지를 결정할 수 있다. 조사중지의 결정은 피조사 사업자가 동의한 구체적 내용을 밝혀야 한다.
>
> 조사중지를 결정한 반독점법집행기구는 사업자가 동의한 내용의 이행상황을 감독하여야 한다. 사업자가 동의내용을 이행한 경우 반독점법 집행기구는 조사를 종료할 것을 결정할 수 있다.
>
> 아래 상황 중 하나에 해당하는 경우 반독점법 집행기구는 조사를 재개하여야 한다.
>
> 1) 사업자가 동의내용을 이행하지 아니하는 경우
> 2) 조사중지 결정의 근거가 된 사실에 중대한 변화가 발생한 경우
> 3) 사업자가 제공한 불완전하거나 진실하지 않은 정보에 기하여 조사중지결정이 내려진 경우

4) 반독점법 제30조 참조.

Ⅰ. 동의명령제도의 도입

반독점법 제44조는 독점행위 용의자의 동의제도, 즉 학계에서 통상 '동의명령'제도라고 불리는 내용을 규정하고 있다.

독점행위를 조사하는 데는 시간이 많이 소요되고, 조사할 내용이 복잡하며 또한 해당 사업자의 협조가 없이는 독점행위의 결과를 제거하기 어려우므로 독점행위를 한 사업자로 하여금 자발적으로 자신의 행위가 낳은 결과를 제거하도록 할 수 있다면 제도의 운영에 있어 효율성을 제고할 수 있다. 또한 해당 사업자로서도 조사를 받는데 들이는 비용과 독점행위로 판정되어 벌금 등의 처분을 받는 위험성을 줄일 수 있으므로 동의명령 제도가 효과적으로 시행된다면 '기업 친화적인 제도'로서 운용의 묘를 살릴 수 있을 것이다.

따라서 우리 나라 공정위에서도 동의명령 제도의 도입을 검토하여 2008년도 공정거래법 개정안에 반영하였었으나 입법기관을 통과하지 못하여 도입이 보류된 상태이다.

이에 반해 중국에서는 위와 같은 법률 집행의 효율성을 위하여 반독점법 제정시부터 일본 독점금지법 제48조 등을 검토하여 동의명령제도의 도입을 고려하였으며 그 결과 제44조에서 동의명령제도를 규정하기에 이르렀다.

중국에서 동의명령제도가 도입됨에 따라 향후 그 활용이 활발해지면 동 제도의 장점과 단점에 대해 한층 깊이있는 이해가 가능할 것이므로 우리 나라로서도 중국의 동의명령제도 및 그 활용사례를 연구, 검토하여 동 제도의 도입을 다시 한번 검토해 볼 수 있을 것이라고 생각한다.

Ⅱ. 동의명령의 대상

동의명령의 대상은 독점행위이다. 즉, 반독점법의 규율대상인 독점행위 전반에 걸쳐 모두 동의명령이 가능하다. 우리 나라 공정거래법 개정안에서 부당공동행위를 동의명령 대상에서 제외하였던 것과 비교해 볼만한 부분이다.

Ⅲ. 동의명령의 절차

1. 신청권의 문제

반독점법 제44조는 동의명령제도의 개시에 대하여는 별도로 설명하지 않고 있다. 동 법은 반독점법 집행기구로부터 독점혐의 행위에 관하여 조사를 받고 있는 사업자가 반독점법 집행기구가 인가하는 기한 내에 구체적인 조치를 통해 당해 행위의 결과를 제거하겠다고 동의하는 경우 반독점법 집행기구는 조사의 중지를 결정할 수 있다고만 규정하고 있다. 따라서 이 경우 동의명령 신청권이 해당 사업자에게만 있는 것인지, 아니면 반독점법 집행기구에도 있는 것인지의 여부가 법문상으로는 명확하지 않아 보인다.

다만 동의명령제도의 성격상 어차피 반독점법 집행기구와 해당 사업자간의 협상을 거쳐 동의의 구체적 내용이 확정되어야 조사중지 등의 결정을 할 수 있게 되는 것이므로 사견으로는 반독점법 집행기구와 해당 사업자 모두에게 동의명령 신청권이 존재하는 것으로 해석하여야 한다고 본다.

2. 동의의 내용

조사를 받고 있는 사업자는 반독점법 집행기구가 인가하는 기한 내에 '구체적인 조치를 통해 당해 행위의 결과를 제거'하겠다고 동의하여야 한다. 이 때의 구체적인 조치는 결국 시장의 경쟁상태 회복을 위한 각종 행위를 말하며 여기에는 가격인하 또는 소비자 피해배상 등 행정당국의 일방적인 시정조치로는 실현하기 어려운 여러 가지 조치가 포함될 수도 있을 것이다.

Ⅳ. 동의명령의 결과

1. 조사의 중지

위와 같이 동의의 내용에 대한 협상이 완료되면 반독점법 집행기구는 조사의 중지를 결정할 수 있으며 그 이후 사업자의 동의내용이 이행되고 있는지 그 상황을 감독하여야 한다.

2. 조사의 종료

사업자가 자신의 행위로 인하여 발생한 결과를 제거한 것이 최종적으로 확인될 경우 반독점법 집행기구는 조사를 종료할 것을 결정할 수 있다.

Ⅴ. 조사절차로의 복귀

반독점법 집행기구가 동의명령의 결과로 조사를 중지 또는 종료하였으나 다음과 같은 상황이 발생한 경우 반독점법 집행기구는 다시 조사절차로 복귀하여야 한다.

① 사업자가 동의내용을 이행하지 아니하는 경우

② 조사중지 결정의 근거가 된 사실에 중대한 변화가 발생한 경우

③ 사업자가 제공한 불완전하거나 진실하지 않은 정보에 기하여 조사중지결정이 내려진 경우.

위와 같이 중국 반독점법은 우리 나라보다 먼저 동의명령 제도를 도입하였다. 중국에서 동의명령제도가 도입되는데 별다른 문제가 없었던 이유는 우리 나라 공정거래법과는 달리 반독점법 위반사건에 대한 형사소추권이 반독점법 집행기구의 전속고발권에 속하지 않는다는 점에서 수사기관 등의 반대가 없었던 것으로 보인다. 향후 중국 반독점법의 동의명령제도가 어떻게 운용될지 귀추가 주목된다

제8장

법률책임

제1절 독점협의의 법률책임

> 第46조 사업자가 이 법의 규정을 위반하여 독점협의에 이르고 이에 따른 행위를 하는 경우 반독점법 집행기구는 불법행위의 정지를 명하고 불법소득을 몰수하며 전년도 매출액의 1% 이상, 10% 이하의 행정벌금(罚款)을 부과한다. 독점협의에 이르렀으나 이에 따른 행위를 하지 아니한 경우에는 50만 위안(元, RMB) 이하의 행정벌금을 부과할 수 있다.
>
> 사업자가 자발적으로 반독점법 집행기구에 독점협의 관련 상황을 보고하고 중요한 증거를 제공하는 경우 반독점법 집행기구는 정상을 참작하여 사업자에 대한 처벌을 감경하거나 면제할 수 있다.
>
> 업계협회가 이 법의 규정을 위반하여 당 업계 사업자간 독점협의를 하게 한 경우 반독점법 집행기구는 50만 위안(元, RMB) 이하의 행정벌금을 부과할 수 있다. 사안이 중한 경우 사회단체등록 관리기구가 법에 따라 등록을 말소할 수 있다.

반독점법 제46조는 사업자와 업계협회의 독점협의 및 그 실행에 대한 법률책임을 규정하고 있다. 본 조항은 세 부분으로 나누어지는데 첫번째 부분은 사업자의 독점협의에 대한 행정적 법률책임을, 두번째 부분은 사업자의 자발적 보고에 따른 처벌의 감면을, 세번째 부분은 업계협회의 독점협의 조직(組織)에 대한 법률책임을 다루고 있다.

중국 반독점법은 독점협의의 법률책임에서 독점협의와 독점협의에 따른 실행행위를 나누고 있다. 즉, 독점협의만 한 경우와 그 협의에 따라 실행에까지 이른 경우를 나누어 서로 다른 제재조치를 취하고 있다. '부당한 공동행위의 합의'만이 금지의 대상이자 제재의 대상인 우리 나라 공정거래법과 달리 위반행위로 인한 위험성의 정도와 제재 수준간의 형평성을 확보하는데 있어 중국 반독점법의 규정내용이 진일보한 입법이라고 생각된다.

Ⅰ. 사업자의 법률책임

1. 불법행위의 정지

사업자가 반독점법의 규정을 위반하여 독점을 협의하고 그 독점협의를 실행하기까지 한 경우 반독점법 집행기구는 불법행위의 정지를 명한다. 독점협의의 경우 불법행위의 정지를 통해 상당한 정도로 시장경쟁을 원상태로 회복시킬 수 있을 것이므로 반독점법은 독점협의에 대한 시정조치의 내용으로 불법행위의 정지만을 명시하고 있다.

2. 불법소득의 몰수

사업자가 반독점법의 규정을 위반하여 독점을 협의하고 그 독점협의를 실행하기까지 한 경우 반독점법 집행기구는 불법소득을 몰수한다.

향후 동 조항 적용의 경우 불법소득의 몰수 부분이 가장 큰 쟁점으로 떠오를 것이라고 본다. 독점협의 및 그에 따른 실행이 이미 존재하고 있으므로 그 행위의 정지를 명하는 것에는 별다른 문제점이 없으나 이로 인한 불법소득의 규모가 얼마나 되는가에 대하여는 이를 인정할 명확한 판단기준을 찾기 어렵기 때문이다.

따라서 독점협의 실행에 따른 불법소득의 액수 확정에 관하여 향후 실시세칙 등을 통해 조금 더 명확한 기준이 제시되어야 할 것으로 보인다.

3. 행정벌금의 부과

사업자가 반독점법의 규정을 위반하여 독점을 협의하고 그 독점협의를 실행하기까지 한 경우 반독점법 집행기구는 전년도 매출액의 1% 이상, 10% 이하의 벌금(罚款)을 부과한다. 사업자가 독점협의를 하였으나 실행에까지 이르지 않은 경우에는 50만 위안(元, RMB) 이하의 벌금을 부과할 수 있다.

중국 반독점법에서는 동 법을 위반한 경우의 법률책임에 대하여 주로 1) 불법행위의 제거, 2) 불법소득의 몰수, 3) 벌금 등의 방법을 통해 규제하는 방식을 취하고 있는데 여기에서 벌금(罚款)이란 우리 나라 형벌에서 사용하는 용어인 벌금과는 구별되며 행정법상의 의무를 위반한 주체에게 주어지는 일종의 행정벌(行伐罚)이다. 이에 따라 중국 반독점법 학계에서도 동 법 제46조 등에서 규정하고 있는 법률책임은 '행정법률책임'이라고 이해되고 있다.[1] 따라서 본 조항에서 규정하고 있는 벌금은 우리 나

1) 商务部条法司编(尚明 主编), 전게서, 329쪽.

라의 과징금과 유사한 성격을 지닌다고 봄이 상당하다. 다만 우리 나라의 공정거래법의 과징금은 부당이득 환수와 행정제재적인 성격을 모두 가지고 있으나 중국 반독점법상의 행정벌금은 불법소득의 몰수와는 별개로 순수한 행정제재적 성격을 지닌 점에서 중국 반독점법상의 행정벌금이 우리 나라 공정거래법의 과징금과 완전히 같다고는 볼 수 없다.

중국 반독점법은 독점협의의 실행에까지 이른 경우 불법소득을 몰수함과 아울러 전년도 매출액, 즉 직전 사업년도 매출액의 1% 이상 10% 이하의 벌금을 부과하는 것으로 규정하고 있다.

우리 나라 공정거래법의 경우 제22조에서 부당공동행위 금지규정 위반행위에 대하여는 대통령령이 정하는 매출액에 100분의 10을 곱한 금액을 초과하지 아니하는 범위 안에서 과징금을 부과할 수 있도록 되어 있는 것과 비교해 본다면 우리 나라 공정거래법상의 과징금과 유사한 규모의 행정벌금 이외에 별도로 불법소득의 몰수까지 규정하고 있는 중국 반독점법이 행정책임을 더 엄격하게 추궁하고 있다고 이해된다. 그 결과 글로벌 기업의 경우 상상을 초월하는 규모의 소득몰수 및 과징금 부과가 예상되므로 반독점법에 저촉되지 않도록 각별한 주의가 요구된다.

4. 형사책임의 문제

전술한 바와 같이 본 조항 등 반독점법의 법률책임 부분에서 사용하고 있는 벌금(罰款)은 행정벌의 성격을 가지고 있으므로 반독점법은 독점행위에 대하여 행정적 제재만 가할 뿐 형사적 제재를 가하지는 않는 것이라고 봄이 상당하다. 이는 반독점법이 제52조에서 독점행위의 조사를 방해하는 행위가 범죄를 구성하는 경우 형사책임을 추궁한다고 규정하고 있는 것에 대한 반대

해석이며 반독점법 제52조 외에는 반독점법상 별도로 사업자의 독점행위 자체에 대한 형사책임에 관한 규정이 없는 것으로 보아도 알 수 있다. 미국, 일본, 우리 나라 등의 입법내용과는 다른 점이다.

5. 자진신고자에 대한 감면

반독점법은 사업자가 자발적으로 반독점법 집행기구에 독점협의 관련 상황을 보고하고 중요한 증거를 제공하는 경우 반독점법 집행기구는 정상을 참작하여 사업자에 대한 처벌을 감경하거나 면제할 수 있다고 규정하고 있다.

이는 우리 나라 공정거래법 제22조의 2에 규정된 자진신고자 등에 대한 감면제도(Leniency Program)와 유사한 규정으로서 다만 우리 나라 공정거래법의 경우 자진신고하거나 증거 제공 등의 방법으로 조사에 협조한 자 모두 과징금을 감면할 수 있게 한 것과 달리 자진신고와 중요 증거 제공 모두를 처벌 감면의 요건으로 하고 있다.

Ⅱ. 업계협회의 법률책임

반독점법은 업계협회가 동 법의 규정을 위반하여 당 업계 사업자간 독점협의를 하게 한 경우 반독점법 집행기구는 50만 위안(元, RMB) 이하의 벌금을 부과할 수 있도록 하고 있다. 업계협회의 독점협의 조직을 금지한 반독점법 제16조에 상응한 규정이라고 할 수 있다. 이 때의 벌금은 업계협회 자체에 부과되는 것으로 직접 독점협의를 한 사업자는 별도로 법률책임을 지게 된다. 여기에서의 벌금이 행정벌임은 전술한 바와 같다.

업계협회가 사업자간 독점협의를 하도록 한 행위의 사안이 중한 경우 사회단체등록 관리기구는 법에 따라 등록을 말소할 수 있다. '사안이 중한 경우'의 판정에 대하여는 명확한 기준이 필요할 것으로 보이며 향후 실시세칙을 통해 보완될 것으로 예상된다.

제2절 시장지배적 지위 남용의 법률책임

> **제47조 사업자가 이 법의 규정을 위반하여 시장지배적 지위를 남용하는 경우 반독점법 집행기구는 불법행위의 정지를 명하고 불법소득을 몰수하며 전년도 매출액의 1% 이상, 10% 이하의 행정벌금을 부과한다.**

반독점법 제47조는 시장지배적 지위 남용의 법률책임에 대하여 사업자가 반독점법의 규정을 위반하여 시장지배적 지위를 남용한 경우 반독점법 집행기구는 불법행위의 정지를 명하고 불법소득을 몰수하며 전년도 매출액의 1% 이상, 10% 이하의 벌금(罰款)을 부과한다고 규정하고 있다.

Ⅰ. 불법행위의 정지

반독점법이 시장지배적 지위의 남용행위를 규율하기 위한 시정조치로 들고 있는 것은 '불법행위의 정지'이다. 우리 나라 공정거래법은 '가격의 인하, 당해 행위의 중지, 시정명령을 받은 사실의 공표 기타 시정을 위한 필요한 조치'를 명할 수 있다고 규정하고 있으므로(공정거래법 제5조) 반독점법의 내용은 이에 비해 소극적이라고 할 수 있으며 특히 '불법행위의 정지'만을 명할 수 있다는 점을 명시하고 있다는 점이 특기할 만하다고 하겠다.

시장지배적 지위 남용 규제에 대한 각국의 입법례는 통상 '원인규제주의'와 '폐해규제주의'로 나뉘어진다. 원인규제주의는 시장지배적 지위 남용의 원인이 된 시장지배적 지위 자체에 대한 규제를 통해 문제점을 근본적으로 해결하려는 것이고, 폐해규제주의는 시장지배적 지위의 남용으로 인한 폐해에 대한 규제를 통해 사후적으로 문제점을 해결하려는 것이다. 이렇게 입법례가 나뉘는 가장 큰 이유는 법률상 시장지배적 지위 남용행위를 하는 사업자에 대해 기업분할명령과 같은 구조변경조치를 할 수 있는지에 달려 있다.

중국 반독점법의 법문상 '기타 필요한 조치'라는 포괄조항이 들어가 있지 않고 불법행위의 정지만 명할 수 있게 되어 있으므로 기업분할과 같은 구조변경조치를 할 수는 없다는 점에서 반독점법은 폐해규제주의를 택하고 있다고 봄이 상당하다. 이에 대하여 시장지배적 지위의 남용이 계속될 경우 구조변경을 통해서만 근본적인 원인을 제거할 수 있을 것이라는 지적이 가능할 것이나, 반독점법의 경우 다음에서 보는 바와 같이 불법소득 전체를 몰수하고 별도로 거액의 행정벌금(과징금)을 부과할 수 있도록 규정하고 있어 이러한 경제적 제재를 통해 시장지배적 지위의 남용행위를 근절할 수 있으므로 기업분할과 같은 극단적인 조치를 취할 필요는 없다는 입법자의 의지가 표현된 것이라고 볼 수 있을 것이다.

Ⅱ. 불법소득의 몰수

반독점법 집행기구는 사업자가 시장지배적 지위를 남용하여 획득한 불법소득을 몰수한다. 불법소득의 확정에 관하여는 독점협의의 법률책임 부분에서 설명한 바와 같다.

Ⅲ. 행정벌금의 부과

반독점법 집행기구는 사업자가 시장지배적 지위를 남용한 경우 해당 사업자의 전년도 매출액의 1% 이상, 10% 이하의 벌금을 부과한다. 이 때의 벌금이 행정벌, 즉 과징금적 성격을 가지고 있다는 점은 독점협의의 법률책임 부분에서 설명한 것과 마찬가지이다.

제3절 사업자집중의 법률책임

제48조 사업자가 이 법의 규정을 위반하여 사업자집중을 실시하는 경우 국무원 반독점법 집행기구는 사업자집중 실시의 정지, 지분 또는 자산의 기한 내 처분, 영업의 기한 내 양도 및 기타 필요한 조치를 통해 사업자집중 전 상태로의 회복을 명하고, 50만 위안(元, RMB) 이하의 행정벌금을 부과할 수 있다.

반독점법 제48조는 사업자집중의 법률책임에 관한 규정이다. 반독점법이 실효성을 얻기 위하여는 동 법 위반행위에 대한 유효적절한 제재조치가 필요하다. 특히 사업자집중의 경우 독점협의나 시장지배적 지위의 남용과는 달리 불법행위의 정지만으로는 이미 발생한 결과, 즉 사업자들이 동법의 규정을 위반하여 임의로 계약 등의 수단을 통해 이룬 사업자집중을 규제할 수 있는 방법이 없게 된다. 따라서 본 조항에서는 이와 같은 사업자집중의 특성을 고려하여 다른 독점행위들과는 다른 내용의 법률책임을 규정하고 있다.

본 조항에서 규정하고 있는 불법 사업자집중에 대한 법률책임은 크게 세 가지로 첫째 불법행위의 정지, 둘째 원상회복, 셋째 행정벌금의 부과로 나뉜다.

Ⅰ. 불법행위의 정지

불법행위의 중지는 불법적 행위, 즉 반독점법이 규율하고 있는 사업자집중에 관한 금지규정을 위반하여 행하여지는 사업자집중과 관련된 일체의 행위를 정지하도록 명하는 것을 의미한다. 이와 같은 불법행위의 정지 명령은 세계 각국에서 보편적으로 채택하고 있는 방법으로 이러한 부작위 의무의 부과는 가장 효과적으로 불법적 사업자집중을 막을 수 있는 수단이 된다.

Ⅱ. 원상회복

전술한 바와 같이 독점협의나 시장지배적 지위 남용의 경우 독점협의에 의한 시장에서의 특정 행위나 시장지배적 지위를 남용한 시장에서의 특정 행위를 정지하도록 명함으로써 향후 경쟁상태로의 회복이 상당 부분 가능하게끔 할 수 있다. 여기에 불법소득의 몰수를 병과한다면 불법행위로 인한 결과를 대부분 제거할 수 있게 된다.

그러나 사업자집중의 경우 사업자집중에 의하여 이미 기존에 존재하지 않았던 새로운 사업자가 탄생하게 되는 것이므로 이와 같은 행위의 결과는 불법행위의 정지나 불법소득의 몰수만으로는 모두 제거될 수 없으며 경쟁상태로의 회복 또한 불가능하다. 따라서 반독점법은 불법행위의 정지 이외에 사업자집중으로 인하여 발생한 결과를 제거하기 위하여 사업자에게 원상회복의무를 부과하고 있다.

동 조항은 원상회복을 위한 행위의 예시로 지분 또는 자산의 기한 내 처분, 영업의 기한 내 양도 및 기타 필요한 조치를 들고 있다. 지분 또는 자산을 반독점법 집행기구가 정하는 기한 내에 처분하거나 영업을 반독점법 집행기구가 정하는 기한 내에 양도하는 방법이 기업결합으로 인한 경쟁제한의 상태를 해소할 수 있음은 당연하다. 동 조항은 경쟁상태로의 회복을 위한 기타 필요한 조치를 명할 수 있다고 규정하고 있는 바 '기타 필요한 조치'의 주요한 내용으로는 우리 나라 공정거래법에서도 규정하고 있는 것과 마찬가지로 경쟁을 제한할 수 있는 영업방식이나 영업범위를 제한하는 방법 등을 들 수 있을 것이다.

Ⅲ. 행정벌금의 부과

반독점법 집행기구는 사업자가 반독점법의 규정에 위반하여 사업자집중을 실시하는 경우 50만 위안 이하의 벌금을 부과할 수 있다. 다른 독점행위의 경우와는 달리 이 때의 벌금부과는 반독점법 집행기구의 재량에 달려 있는 점이 특징이다.

이 때의 벌금이 행정벌, 즉 과징금적 성격을 가지고 있다는 점은 독점협의의 법률책임 부분에서 설명한 것과 마찬가지이다. 다만 그 액수가 50만 위안 이하로 정하여져 있으므로 대규모 기업의 경우 이 벌금이 원상회복을 위한 '이행강제'적 효과를 지닌다고 보기는 어렵다. 입법론적으로는 우리 나라 공정거래법과 같이 이행강제금을 부과할 필요가 있다고 생각된다.

제4절 행정벌금액수 확정의 고려요소

제49조 반독점법 집행기구는 이 법 제46조, 제47조, 제48조에서 규정된 벌금에 관하여 구체적인 벌금액수를 확정할 때 불법행위의 성질, 정도 및 지속기간 등의 요소를 고려하여야 한다.

반독점법 제49조는 동법 제46조 내지 48조에 규정된 행정벌적 성격의 벌금액수를 정하는데 있어 고려해야만 하는 요소들을 확정하고 있다.

반독점법은 독점행위에 대한 벌금 부과에 있어 "전년도 매출액의 1% 이상, 10% 이하의 벌금" 등의 방식으로 법률집행자의 일정한 자유재량권을 인정하고 있으므로 법률집행자의 재량권 남용을 막기 위해 벌금액수를 구체적으로 정하는데 있어 고려되어야만 할 요소들을 법률에서 규정하고 있는 것이다.

본 조항에 따르면 독점행위에 따른 벌금의 액수는 '불법행위의 성질, 정도 및 지속기간 등의 요소'를 고려하여 확정하여야 한다. 본 조항에서 예시로 든 요소 이외에도 불법행위로 인하여 발생한 손실의 액수와 그로 인하여 취득한 이익의 액수, 불법행위자의 유사행위 전력, 해당 사업자의 사업규모, 경제력 및 시장에서의 지위, 경쟁상태 회복을 위한 후속조치의 유무, 반독점법 집행기구의 조사에 대한 협조 정도 등을 들 수 있을 것이다.

제5절 민사책임의 문제

제50조 사업자가 독점행위로 인하여 타인에게 손실을 가한 경우 법에 의해 민사책임을 진다.

반독점법 제50조는 동 법에 의한 민사책임에 관하여 규정하고 있다.

반독점법을 위반하는 행위는 시장경쟁을 제한하고 사회의 공공이익을 해할 뿐 아니라 경쟁 사업자와 소비자의 합법적인 이익을 해하므로 이로 인한 손해를 배상할 책임이 있음은 당연하다. 따라서 반독점법은 동 법을 위반한 사업자의 행위들에 대하여 불법행위의 정지, 불법소득 몰수, 벌금부과 등 행정적 책임을 묻는 것과는 별개로 독점행위로 인하여 타인, 즉 경쟁사업자, 단위, 개인 등을 막론한 일체의 행위주체에게 손해를 가한 경우 그에 따른 민사책임을 지게 됨을 명시하고 있다.

이와 같은 민사책임의 부담은 기실 민법상의 불법행위책임론에 의하여 개인에게 당연히 인정되는 것이나 일반적으로 민법상의 불법행위는 특정인에게 일정한 손해가 발생함을 전제로 하는 것과 달리 독점규제법규에 있어서의 불법행위책임은 동 법에서 규정하고 있는 '손해'를 입은 주체를 확정함에 있어 독점행위로 인하여 직접적인 손해를 입은 개인은 물론 관련시장에 속한 불특정사업자 및 이러한 사업자들의 이해관계인을 포함하고 이러한 손해들이 연쇄적으로 발생함으로 인해 피해자의 범위가 대단히 넓게 확장된다는 점에서 그 특징을 찾을 수 있다. 그리고 이와 같은 의미에서 실제 독점행위로 인한 소송이 제기될 경우 독점행위로 인하여 특정 개인이 입은 손해, 즉 원고가 입은 손해를 입증하는 것이 일반적인 불법행위에 비하여 상당히 어렵다.

한편 독점규제법규 위반으로 인한 불법행위책임의 배상액 결정에 있어 일반적인 민사상 불법행위책임론에서 다루어지고 있는 손해배상액 결정의 요소인 '피해전보'와는 달리 시장경쟁을 해하는 행위에 대한 징벌적 요소를 감안하여 손해액 자체에 대한 배상에 그치지 아니하고 배상액수를 더 확대할 수 있다는 점 또한 일반적인 불법행위책임과 독점규제법규위반의 불법행위책임을 구분하는 데 있어 중요한 의미를 지닌다.

이와 같은 점들을 고려하여 미국의 경우[2] 손해액수의 3배를 배상하도록 규정하고 있고, 대만의 경우[3] 법원이 손해액수의 3배 범위 내에서 배상액수를 결정할 수 있도록 규정하는 등 손해액수의 범위를 통해 반독점법의 특성을 고려하거나 우리 나라 공정거래법의 경우와 같이 손해액수 자체는 당해 행위로 인한 손해에 한정하되 "사업자 또는 사업자단체는 이 법의 규정을 위반함으로써 피해를 입은 자가 있는 경우에는 당해 피해자에 대하여 손해배상의 책임을 진다. 다만, 사업자 또는 사업자단체가 고의 또는 과실이 없음을 입증한 경우에는 그러하지 아니하다"고 규정하

2) 셔먼(Sherman)법 제7조.
3) 공평교역법(公平交易法) 제31, 32조.

여[4] 독점행위자의 '고의 또는 과실'에 대한 입증책임을 피해자에서 독점행위자로 전환하고, 손해액수의 인정에 대하여는 "이 법의 규정을 위반한 행위로 인하여 손해가 발생된 것은 인정되나 그 손해액을 입증하기 위하여 필요한 사실을 입증하는 것이 해당 사실의 성질상 극히 곤란한 경우에는 법원은 변론 전체의 취지와 증거조사의 결과에 기초하여 상당한 손해액을 인정할 수 있다"[5]고 규정하여 입증의 측면에서 공정거래법의 특성을 고려하는 입법례들이 존재한다.

결국 반독점법 위반행위에 대한 민사책임의 문제는 1) 피해자의 범위 확정, 2) 고의 또는 과실의 입증책임, 3) 배상액수의 확정 및 입증 등에 있어 일반적인 민법과 동일한 태도를 취할 것인지, 아니면 반독점법의 특성을 고려하여 피해자의 범위를 더 넓게 보거나 고의 또는 과실의 입증책임을 전환하거나 배상액수를 실손해액 이상으로 결정할 것인지, 또한 명확한 손해액의 입증이 곤란한 경우 이 문제를 어떻게 해결할 것인지 등으로 귀착된다고 하겠다.

이와 같은 문제에 대하여 중국 반독점법은 단지 "독점행위로 인하여 타인에게 손실을 가한 경우 법에 의하여 민사책임을 진다"라고 규정하고 있으며 중국 학계에서도 아직까지 이와 관련된 논의가 활발하게 벌어지지는 않고 있다.[6]

법 조항의 문리적 해석으로는 민법에 근거한 불법행위책임을

---

4) 공정거래법 第56조 제1항.

5) 공정거래법 第57조.

6) 吴振国, 전게서, 646쪽; 商务部条法司编, 전게서, 346쪽; 王晓晔, 「中华人民共和国反垄断法详解」, 知识产权出版社, 2008, 261쪽 등 중국 반독점법 관련 저서들은 본 조항과 관련된 외국의 입법례를 설시하고는 있으나, 본 조항을 어떻게 해석할 것인지에 대하여는 구체적인 의견을 제시하지 못하고 있다.

의미한다고 볼 수밖에 없는바 이와 같이 해석하는 경우 본 조항은 전술한 바와 같은 반독점법상의 특성이 고려되지 않은 훈시적 규정에 불과하므로 그 의미는 퇴색될 수 밖에 없다. 반독점법 개정이나 실시세칙 등을 통해 피해자의 범위 확정, 입증책임, 배상액수의 확정 등에 관하여 명확한 규정을 둘 필요가 있다고 생각한다.

제6절 행정독점의 법률책임

第51조 행정기관과 법률, 법규가 수권한 공공사무 관리기능을 갖고 있는 조직이 행정권을 남용하여 경쟁 배제, 제한 행위를 한 경우 상급기관이 그 시정을 명하고 직접적인 책임을 부담하는 주관인원과 기타 직접 관련된 인원을 법에 따라 처분한다. 반독점법집행기구는 상급기관에 의법처리를 건의할 수 있다.

법률, 행정기관과 법률, 법규가 수권한 공공사무 관리기능을 갖고 있는 조직이 행정권을 남용하여 경쟁을 배제, 제한한 행위의 처리에 관하여 별도의 규정이 있는 경우 그 규정에 따른다.

반독점법 第51조는 행정독점이 발생한 경우 행정기관 및 공공조직의 법률책임에 관하여 규정하고 있다.

행정독점에 대한 규제는 중국 반독점법의 가장 큰 특징 중 하나임은 이미 행정독점과 관련된 부분에서 상술한 바 있다. 이와 같이 행정기관과 법률, 법규가 수권한 공공사무 관리기능을 가지고 있는 조직이 행정권을 남용하여 반경쟁적 행위를 한 경우 반독점법 제51조에 기하여 그 행정기관 내지 공공조직의 상급기관은 그 행위의 시정을 명하고 직접적인 책임을 부담하는 주관인원과 기타 직접 관련된 인원을 법에 따라 처분한다.

본 조항의 특색은 독점협의, 시장지배적 지위의 남용, 사업자집중 등에 대하여는 반독점법 제46조 내지 48조에서 반독점법 집행기구로 하여금 직접 불법행위의 정지, 행정벌금 등의 제재조치를 취할 수 있도록 규정한 것과는 달리 반독점법 집행기구가 아닌 '상급기관'이 행위의 시정을 명하고 책임자 등을 법에 따라 처분하며 반독점법 집행기구는 단지 상급기관에 법에 따라 처리할 것을 건의할 수 있다고 규정한 것이다.

이와 같은 반독점법 규정은 다른 국가들의 경쟁법규와는 달리 행정성 독점을 경쟁법에서 직접 독점의 한 종류로 규정하고 있는 반독점법의 특성에서 기인한 것이라고 보인다. 즉, 반독점법 집행기구가 행정성 독점행위를 한 행정기관 등에 직접적인 행정처분을 하는 것이 행정절차상 타당한 것인지 여부가 불분명하고, 실질적으로 반독점법 집행기관에 지나치게 강력한 권한을 부여하는 것이 아닌지 또한 문제될 수 있으므로 이와 같은 점들을 고려하여 해당 행정기관 등의 상급기관이 행정처분을 하도록 규정한 고민의 결과라고 봄이 상당할 것이다.

한편 동 조항 후단은 법률, 행정기관과 법률, 법규가 수권한 공공사무 관리기능을 갖고 있는 조직이 행정권을 남용하여 경쟁을 배제, 제한한 행위의 처리에 관하여 '별도의 규정'이 있는 경우 그 규정에 따른다고 규정하여 향후 행정법규를 통해 그 처리절차를 규정할 수 있는 여지 또한 남겨 두었다.

第7절 조사방해 행위의 법률책임

> **第52조 반독점법 집행기구의 법에 따른 심사와 조사에 대하여 관련 자료 · 정보 제공의 거부, 허위 자료 · 정보의 제공, 증거의 은닉 · 소각 · 이전, 조사를 거부 · 방해하는 기타 행위를 하는 경우 반독점법 집행기구는 그 행위의 시정을 명하고 개인에게는 2만 위안 이하의 행정벌금을, 단위에는 20만 위안 이하의 행정벌금을 부과할 수 있다. 사안이 중한 경우 개인에게는 2만 위안 이상 10만 위안 이하의 행정벌금을, 단위에는 20만 위안 이상, 100만 위안 이하의 행정벌금을 부과할 수 있다. 범죄를 구성한 경우에는 법에 따라 형사책임을 추궁한다.**

반독점법 제52조는 반독점법 집행기구의 심사 또는 조사를 거절, 방해하는 행위에 대한 법률책임을 규정하고 있다.

Ⅰ. 방해행위의 주체

반독점법은 본 조항 위반의 행위주체에 대하여는 아무런 언급을 하지 않고 있다. 따라서 조사를 받고 있는 해당 사업자 및 그 이해관계자는 물론 직접적인 이해관계가 없는 자라고 하더라도 반독점법 집행기구의 심사와 조사를 방해한 자는 모두 본 조항을 위반하는 것이 된다.

Ⅱ. 방해행위의 내용

반독점법 집행기구의 심사 또는 조사는 관련 법규에 근거한 행위라야 함은 당연한 전제조건이며 이와 같은 법규에 근거한 반독점법 집행기구의 심사 또는 조사를 방해하는 행위가 본 조항 위반이 된다. 반독점법이 들고 있는 심사 또는 조사의 방해행위의 예시는 다음과 같다.

① 관련 자료나 정보 제공의 거부
② 허위 자료 또는 정보의 제공
③ 관련 증거의 은닉, 소각 또는 이동
④ 기타 방법을 통한 조사의 거부 또는 방해

Ⅲ. 법률책임의 내용

1. 시정명령

개인 또는 단위가 위에서 살핀 바와 같은 방법으로 반독점법 집행기구의 심사 또는 조사를 거부, 방해할 경우 반독점법 집행기구는 그 행위의 시정을 명할 수 있다. 따라서 이 조항에 의하여 반독점법 집행기구는 관련 자료나 정보의 제출을 강제할 수 있게 된다.

2. 행정벌금의 부과

개인 또는 단위가 위에서 살핀 바와 같은 방법으로 반독점법 집행기구의 심사 또는 조사를 거부, 방해할 경우 반독점법 집행기구는 개인에게는 2만 위안 이하의 벌금을, 단위에는 20만 위안

이하의 벌금을 부과할 수 있으며 사안이 중한 경우 개인에게는 2만 위안 이상 10만 위안 이하의 벌금을, 단위에는 20만 위안 이상, 100만 위안 이하의 벌금을 부과할 수 있다. 이 때의 벌금 역시 행정벌적 성격을 가지고 있다.

3. 형사책임

한편 반독점법 제52조는 이와 같은 개인 또는 단위의 행위가 범죄를 구성하는 경우에는 법에 따라 형사책임을 추궁한다고 규정하고 있다.

따라서 위에서 살핀 바 있는 반독점법 집행기구의 심사 또는 조사를 거부, 방해하는 행위들은 반독점법 위반이 되어 행정적 제재를 받는 동시에 공무방해죄(중국 형법 제277조), 위증죄(중국 형법 제305조) 등을 구성하는 경우 관련 형벌 법규에 의하여도 처벌될 수 있다.

제8절 불복제도

第53条 이 법 제28조, 第29조의 규정에 의한 반독점법 집행기구의 결정에 불복하는 경우 먼저 법에 기하여 행정복의를 신청할 수 있고, 행정복의의 결정에 불복하는 경우 법에 기하여 행정소송을 제기할 수 있다.

위 규정들 이외의 규정에 의한 반독점법 집행기구의 결정에 불복하는 경우 법에 기하여 행정복의를 신청하거나 행정소송을 제기할 수 있다.

Ⅰ. 불복절차 개관

반독점법 제53조는 반독점법 집행기구의 결정에 대한 불복절차에 대하여 규정하고 있다.

반독점법 집행기구는 반독점법에 근거하여 사업자집중 금지결정이나 불법행위 정지 명령 등을 할 수 있고, 이와 같은 반독점법 집행기구의 행위는 행정행위이므로 이에 대한 불복은 행정복의법(行政复议法)에 의한 행정복의,[7] 행정소송법(行政诉讼法)에 의한 행정소송 등의 절차를 거쳐 진행된다. 이와 같이 불복절차의 개념 자체는 우리 나라의 제도와 큰 차이가 없다.

Ⅱ. 이원적 구조

1. 필요적 전치절차

다만 반독점법은 우리 나라 공정거래법과는 달리 불복절차에 대해 이원적 구조를 취하고 있다.

동법 제28조, 제29조의 규정에 의한 반독점법 집행기구의 결정, 즉 사업자집중 금지결정이나 사업자집중에 대한 제한성 조건부 승인결정에 대하여 사업자는 반드시 행정복의를 신청하여 그 결정을 받은 후 이에 불복하는 경우 행정소송을 제기할 수 있다. 즉, 행정복의 전치주의를 채택하고 있다.

행정복의는 행정계통의 내부적 구제방식으로 특정인이 구체적인 행정행위가 개인 또는 단위의 합법적인 권익을 침해하였다

7) 우리 나라의 행정심판과 유사한 제도이다.

고 판단되는 경우 원(原)처분기관 또는 상급기관에 그러한 행정행위의 철회 또는 변경을 신청하고 이러한 신청을 수리한 행정기관은 원처분의 합법성과 합리성을 심사하여 결정을 내리는 과정이다.

반독점법은 사업자집중 금지결정이나 사업자집중에 대한 제한성 조건부 승인결정에 대하여 행정복의 전치주의를 채택하고 있으므로 반독점법 집행기구의 이와 같은 결정에 불복하는 경우 해당 사업자는 우선 반독점법 집행기구가 무엇인지 알아보아야 할 것이다. 사업자집중 금지결정이나 사업자집중에 대한 제한성 조건부 승인결정의 경우 반독점법 집행기구는 상무부 산하기관인 반독점국이고 상무부는 국무원의 부문[8]에 해당하므로 행정복의법 제14조에 근거하여 상무부(반독점국)에 행정복의를 신청하고 그 결정에 불복하는 경우 국무원에 최종재결(最终裁决)을 내려줄 것을 신청하거나 법원에 행정소송을 제기할 수 있는 것이다.

2. 임의적 전치절차

반독점법 제28조, 제29조의 규정에 의한 반독점법 집행기구의 결정을 제외한 반독점법 집행기구의 다른 결정에 대하여는 행정복의를 신청하거나 행정소송을 제기하는 것을 선택할 수 있다. 우리 나라 공정거래법 또한 이와 같이 임의적 전치절차를 채택하고 있다. 이 때 행정복의 신청의 대상기관은 각 결정의 근거조항에 따라 상무부, 발개위 또는 공상총국이 될 것이다.

---

8) 부문(部门)은 부서 또는 부(部) 등을 뜻하는 말로 중국 국무원의 경우 외교부, 국방부, 상무부 등 27개의 부문이 있다.

제9절 집행기구의 법률책임

제54조 반독점법 집행기구 소속 직원이 직권남용, 직무유기, 사욕을 위한 부정행위 또는 집행과정에서 알게 된 상업비밀 누설행위를 하고 범죄를 구성하는 경우 법에 따라 형사책임을 추궁하고, 범죄를 구성하지 않는 경우 법에 따라 처분한다.

반독점법 제54조는 반독점법 집행기구의 소속 직원의 부정행위에 대한 법률책임에 대하여 규정하고 있다.

반독점법 집행기구 소속 직원이 1) 직권남용, 2) 직무유기, 3) 사욕을 위한 부정행위, 4) 집행과정에서 알게 된 상업비밀 누설행위 등을 하는 경우 범죄를 구성하면 관련 형벌법규에 따라 처벌하고, 범죄를 구성하지 않는 경우에는 법에 따라 처분한다. 여기에서 '법에 의한 처분'이란 공무원법에 의한 경고, 강등, 면직 등의 징계처분을 의미한다.

제9장

반독점법의 적용 배제

제1절 지적재산권의 적용 배제

> **제55조 사업자가 지적재산권 관련 법률, 행정법규의 규정에 따라 지적재산권을 행사하는 행위에 대하여는 이 법을 적용하지 아니한다. 단, 사업자가 지적재산권을 남용하여 경쟁을 배제하거나 제한하는 행위에 대하여는 이 법을 적용한다.**

반독점법 제55조는 반독점법의 적용 배제 사유로서 지적재산권을 행사하는 행위를 들고 있다.

지적재산권은 그 본질상 합법적인 독점권의 보장을 의미한다. 이에 따라 각국의 경쟁법규에서는 일반적으로 지적재산권의 경우 법의 적용을 배제하고 있으며, 우리 나라 공정거래법 또한 제59조에서 무체재산권의 정당한 행사라고 인정되는 행위에 대하여는 동 법을 적용하지 아니한다고 명시하고 있다.

이에 따라 반독점법은 지적재산권 관련 법률 또는 행정법규의 규정에 따라 지적재산권을 행사하는 행위에 대하여는 동 법을 적용하지 아니한다고 규정하고 있다. 다만 단서 조항에서 '지적재산권을 남용하여 경쟁을 배제하거나 제한하는 행위'에 대하여는 동 법을 적용한다고 규정하여 지적재산권 남용에 의한 반경쟁행위의 경우에는 반독점법을 적용하겠다는 뜻을 밝히고 있다. 우리나라 공정거래법에서 무체재산권의 '정당한' 행사라는 개념을 사용한 것과 같은 맥락으로 이해된다. 따라서 단순한 지적재산권의 행사가 아니라 특정한 사업자 또는 사업자들을 시장에서 퇴출시킬 목적으로 자신이 보유하고 있는 지적재산권의 행사라는 형식을 통해 독점협의 또는 시장지배적 지위 남용에까지 이르고 시장경쟁을 배제 또는 제한하는 효과가 있는 경우에는 반독점법의 규정을 적용할 수 있게 된다.

제2절 농산물 관련 경제행위의 적용 배제

第56조 농업 생산자 및 농촌 경제조직이 농산물의 생산, 가공, 판매, 운수(運輸), 보관 등의 경제활동에서 실시하는 연합 또는 협동행위에 대하여는 이 법을 적용하지 아니한다.

반독점법 제56조는 반독점법의 적용 배제 사유로서 농업 생산자 및 농촌 경제조직의 연합행위를 들고 있다.

농업은 그 특성상 국가에서 보호해야 할 필요성이 매우 크므로 농업 생산자 및 농촌 경제조직이 농산물의 생산, 가공, 판매, 운수, 보관 등의 경제활동에서 실시하는 연합 또는 협동행위에 대하여는 반독점법의 적용을 배제하고 경쟁제한적 행위를 허용하고 있는 것이다. 국가정책적 측면에서 일응 본 조항의 타당성을 인정할 수 있을 것이다.

다만, 동 조항은 지적재산권에 관한 동 법 제55조의 규정에서 지적재산권을 남용하는 경우에는 반독점법을 적용하고 있는 것과는 달리 단서 조항을 통해 권한을 남용하는 경우에 대하여 규율하고 있지 아니하므로 농업 생산자 및 농촌 경제조직의 농산물과 관련된 일련의 행위에 있어 독점협의 등 반경쟁적 행위가 합법적으로 보장된다는 의미인지 해석상 논란이 있을 수 있다.

중국 학계에서는 이와 관련하여 비록 반독점법이 위와 같은 규정 형식을 취하고 있으나 농업영역에서의 일련의 행위들에 대해 모두 반독점법의 적용을 배제한다는 뜻은 아니며 합리의 원칙에 근거하여 판단하여야 한다고 해석하거나[1] 본 조항에서 반독점법의 적용이 배제되는 것으로 들고 있는 행위는 '농업생산력을 제고하고, 시장의 효율성을 높이며, 식품공급량을 증대하고, 합리적인 소비자 가격 결정 및 원가절감 등의 목적을 위한 결정 또는 활동'을 의미한다고 해석하고 있다.[2] 향후 많은 논의가 필요한 부분이다.

1) 商务部条法司编, 전게서, 393쪽.
2) 吴振国, 전게서, 689쪽.

참고 문헌

吴振国, 「中华人民共和国反垄断法」解读, 人民法院出版社, 2007.

时建中, 「反垄断法-法典释评与学理探源」, 中国人民大学出版社, 2008.

商务部条法司编(尚明 主编), 「中华人民共和国反垄断法」理解与适用, 法律出版社, 2007.

鄭鵬程, 「行政垄断的法律控制研究」, 北京大学出版社, 2002.

王晓晔, 「中华人民共和国反垄断法详解」, 知识产权出版社, 2008.

薛兆丰, 「反垄断法的经济学革命」, 法律出版社, 2008.

郑鹏程, 「反垄断法专题研究」, 法律出版社, 2008.

曹康泰, 「中华人民共和国反垄断法解读：理念, 制度, 机制, 措施」, 中国法制出版社, 2007.

吴高盛, 「中华人民共和国反垄断法释义」, 中国法制出版社, 2007.

焦海涛, 论「反垄断法」中经营者的认定标准, 写作时间, 2008.

肖玉坤, 经营者集中申报标准研究, 写作时间, 2008.

齐虹丽, 例外与豁免; 中国「反垄断法」适用除外之观察, 写作时间, 2008.

王晓晔, 中国反垄断法 "经营者集中"的评析, 法学杂志, 2008

孙虹 主编, 「竞争法学」, 中国政法大学出版社, 2001.

夏利民, 「行业协会反垄断法规制的法律思考」, 法学杂志, 2006.

곽상현, 기업결합과 관련시장의 획정, 저스티스 제93호, 한국법학원, 2006.

권오승, 경제법, 법문사, 2005.

신현윤, 경제법, 법문사, 2006.

임영철, 공정거래법 해설과 논점, 2007.

Paul T. Denis, Focusing on the Characterization of Per se unlawful horizontal restraints, *The Antitrust Bulletin*, Fall/1991.

부록

중국 반독점법 / 사업자집중 신고규정 및 양식 /
사업자집중 금지 · 승인 사례 공고문 등

1. 중화인민공화국 반독점법
2. 국무원의 사업자집중 신고표준에 관한 규정
3. 사업자집중 신고표 표준양식
4. 코카콜라/훼이위앤 사업자집중금지 공고문
5. 인베브/안호이저-부시 사업자집중 조건부승인 공고문
6. 미쯔비씨레이온/루사이트 사업자집중 조건부 승인 공고문

附录 1

中华人民共和国反垄断法

• 2007年8月30日 第十届全国人民代表大会常务委员会第二十九次会议通过
• 2008年 8月 1日 施行

第一章 总则

第一条　为了预防和制止垄断行为、保护市场公平竞争、提高经济运行效率、维护消费者利益和社会公共利益、促进社会主义市场经济健康发展、制定本法。

第二条　中华人民共和国境内经济活动中的垄断行为、适用本法；中华人民共和国境外的垄断行为、对境内市场竞争产生排除、限制影响的、适用本法。

第三条　本法规定的垄断行为包括：
（一）经营者达成垄断协议；
（二）经营者滥用市场支配地位；
（三）具有或者可能具有排除、限制竞争效果的经营者集中。

第四条　国家制定和实施与社会主义市场经济相适应的竞争规则、完善宏观调控、健全统一、开放、竞争、有序的市场体系。

第五条　经营者可以通过公平竞争、自愿联合、依法实施集中、扩大经营规模、提高市场竞争能力。

중화인민공화국 반독점법

• 2007년 8월 30일 제10기전국인민대표대회상무위원회제29차회의통과
• 2008년 8월 1일 시행

제1장 총 칙

제1조 독점행위를 미연에 방지 및 제지하고, 시장의 공정한 경쟁을 보호하며, 경제운영의 능률을 제고하고, 소비자의 이익과 사회공공이익을 수호하며, 사회주의 시장경제의 건전한 발전을 촉진하기 위하여 이 법을 제정한다.

제2조 중화인민공화국 경내에서의 경제활동 중 독점행위에 대하여 이 법을 적용한다. 중화인민공화국 경외에서의 독점행위로서 경내시장의 경쟁을 배제하거나 제한하는 영향을 발생시킬 경우 이 법을 적용한다.

제3조 이 법이 정하는 독점행위는 다음 행위를 포함한다.
(1) 사업자의 독점협의
(2) 사업자의 시장지배적 지위 남용
(3) 경쟁을 배제하거나 제한할 수 있는 효과를 발생하거나 효과를 발생시킬 가능성이 있는 사업자집중

제4조 국가는 사회주의 시장경제에 적합한 경쟁규칙을 제정하여 실시하고, 완벽한 거시적 통제를 하며, 통일적이고 개방적이며 경쟁적이면서도 질서있는 시장체계를 확립한다.

제5조 사업자는 공정한 경쟁, 자발적인 연합, 법에 의한 합병, 경영규모의 확대를 통해 시장경쟁력을 제고할 수 있다.

第六条　具有市场支配地位的经营者、不得滥用市场支配地位、排除、限制竞争。

第七条　国有经济占控制地位的关系国民经济命脉和国家安全的行业以及依法实行专营专卖的行业、国家对其经营者的合法经营活动予以保护、并对经营者的经营行为及其商品和服务的价格依法实施监管和调控、维护消费者利益、促进技术进步。

前款规定行业的经营者应当依法经营、诚实守信、严格自律、接受社会公众的监督、不得利用其控制地位或者专营专卖地位损害消费者利益。

第八条　行政机关和法律、法规授权的具有管理公共事务职能的组织不得滥用行政权力、排除、限制竞争。

第九条　国务院设立反垄断委员会、负责组织、协调、指导反垄断工作、履行下列职责：

（一）研究拟订有关竞争政策；

（二）组织调查、评估市场总体竞争状况、发布评估报告；

（三）制定、发布反垄断指南；

（四）协调反垄断行政执法工作；

（五）国务院规定的其他职责。

国务院反垄断委员会的组成和工作规则由国务院规定。

第十条　国务院规定的承担反垄断执法职责的机构(以下统称国务院反垄断执法机构)依照本法规定、负责反垄断执法工作。

国务院反垄断执法机构根据工作需要、可以授权省、自治区、直辖市人民政府相应的机构、依照本法规定负责有关反垄断执法工作。

제6조 시장지배적 지위를 가지고 있는 사업자가 시장지배적 지위를 남용하여 경쟁을 배제, 제한하여서는 아니된다.

제7조 국가는 국유경제가 지배적 지위를 점하는 국민경제의 명맥 및 국가안전과 관련된 업종 및 법에 의거하여 특별운영, 특별매출을 실시하는 업종의 사업자의 합법적 경영활동을 보호하는 동시에 그 사업자의 경영활동 및 그 상품과 서비스 가격을 법에 따라 감독 관리하고 통제함으로써 소비자의 이익을 수호하고 기술발전을 촉진시킨다.

앞에서 규정한 업종의 사업자는 합법적으로 경영하고 신의성실의 원칙을 지키며 자신을 엄격히 단속하고 사회공중의 감독을 받아야 하며 그의 지배적 지위나 특별운영, 특별판매 지위를 이용하여 소비자의 이익을 해하여서는 아니된다.

제8조 행정기관과 법률, 법규의 수권에 의하여 공공사무 관리기능을 갖고 있는 조직이 행정권을 남용하여 경쟁을 배제, 제한하여서는 아니된다.

제9조 국무원은 반독점위원회를 설립한다. 동 위원회는 반독점활동을 조직, 조율하며 다음 직책을 이행한다.

(1) 경쟁정책의 검토, 제정
(2) 시장의 전반적 경쟁상황에 대한 조사, 평가 및 평가보고 발표
(3) 반독점지침의 제정, 공포
(4) 반독점 관련 행정법 집행 조율 활동
(5) 국무원이 정하는 기타 직책

국무원 반독점위원회 조직, 활동규칙은 국무원이 정한다.

제10조 국무원이 정한 반독점법 집행책임을 부담하는 기구(이하 국무원 반독점법집행기구라 함)는 이 법의 규정에 따라 반독점법 집행활동을 책임진다.

국무원 반독점법 집행기구는 활동상의 필요성에 따라 성, 자치구, 직할시 인민정부 관련기구에 수권하여 이 법의 규정에 따라 반독점법 집행활동을 책임지게 할 수 있다.

第十一条　行业协会应当加强行业自律、引导本行业的经营者依法竞争、维护市场竞争秩序。

第十二条　本法所称经营者、是指从事商品生产、经营或者提供服务的自然人、法人和其他组织。

本法所称相关市场、是指经营者在一定时期内就特定商品或者服务(以下统称商品)进行竞争的商品范围和地域范围。

第二章 垄断协议

第十三条　禁止具有竞争关系的经营者达成下列垄断协议：

（一）固定或者变更商品价格；
（二）限制商品的生产数量或者销售数量；
（三）分割销售市场或者原材料采购市场；
（四）限制购买新技术、新设备或者限制开发新技术、新产品；
（五）联合抵制交易；
（六）国务院反垄断执法机构认定的其他垄断协议。

本法所称垄断协议、是指排除、限制竞争的协议、决定或者其他协同行为。

第十四条　禁止经营者与交易相对人达成下列垄断协议：

（一）固定向第三人转售商品的价格；
（二）限定向第三人转售商品的最低价格；
（三）国务院反垄断执法机构认定的其他垄断协议。

第十五条　经营者能够证明所达成的协议属于下列情形之一的、不适用本法第十三条、第十四条的规定：

（一）为改进技术、研究开发新产品的；

第11조　업계협회는 업계의 자율을 강화하고, 해당 업계의 사업자들이 법에 따라 경쟁하도록 지도(指導)하며, 시장경쟁 질서를 수호하여야 한다.

第12조　이 법에서 말하는 사업자라 함은 상품 생산, 경영 또는 서비스 제공에 종사하고 있는 자연인, 법인 및 기타 조직을 말한다.

이 법에서 관련시장이라 함은 사업자가 일정기간 내에 특정 상품 또는 서비스(이하 상품이라 통칭함)로 경쟁하는 상품범위와 지역범위를 말한다.

제 2 장　독점협의

第13조　경쟁관계에 있는 사업자들 상호간에 아래와 같은 독점협의에 이르는 것을 금지한다.

(1) 상품가격의 고정 또는 변경
(2) 상품의 생산량이나 판매량 제한
(3) 판매시장 또는 원자재 구입시장 분할
(4) 신기술, 신설비 구입제한 또는 신기술, 신제품 개발 제한
(5) 연합적 거래 배척
(6) 국무원 반독점법 집행기구가 정하는 기타 독점협의

이 법에서 말하는 독점협의는 경쟁을 배제, 제한하는 협의, 결정 기타 협동행위이다.

第14조　사업자와 거래 상대방과의 아래와 같은 독점협의를 금지한다.

(1) 제3자에 대한 거래가격 고정
(2) 제3자에 대한 상품전매 최저가격 제한
(3) 국무원 반독점법 집행기구가 정하는 기타 독점협의

第15조　사업자가 그가 한 협의가 아래와 같은 상황 중 하나에 해당함을 증명할 수 있는 경우 이 법 제13조, 제14조의 규정을 적용하지 아니한다.

(1) 기술의 발전, 신제품 연구개발을 위한 경우

（二）为提高产品质量、降低成本、增进效率、统一产品规格、标准或者实行专业化分工的；
（三）为提高中小经营者经营效率、增强中小经营者竞争力的；
（四）为实现节约能源、保护环境、救灾救助等社会公共利益的；
（五）因经济不景气、为缓解销售量严重下降或者生产明显过剩的；
（六）为保障对外贸易和对外经济合作中的正当利益的；
（七）法律和国务院规定的其他情形。

属于前款第一项至第五项情形、不适用本法第十三条、第十四条规定的、经营者还应当证明所达成的协议不会严重限制相关市场的竞争、并且能够使消费者分享由此产生的利益。

第十六条　行业协会不得组织本行业的经营者从事本章禁止的垄断行为。

第三章 滥用市场支配地位

第十七条　禁止具有市场支配地位的经营者从事下列滥用市场支配地位的行为：
（一）以不公平的高价销售商品或者以不公平的低价购买商品；
（二）没有正当理由、以低于成本的价格销售商品；
（三）没有正当理由、拒绝与交易相对人进行交易；
（四）没有正当理由、限定交易相对人只能与其进行交易或者只能与其指定的经营者进行交易；
（五）没有正当理由搭售商品、或者在交易时附加其他不合理的交易条件；

(2) 제품의 품질 상승, 원가절감, 능률 향상, 제품의 사양과 표준 통일 또는 전문화된 분업을 위한 경우
(3) 중소사업자의 경영능률을 제고하고 중소사업자의 경쟁력을 높이기 위한 경우
(4) 에너지 절약, 환경 보호, 재해 구조 등 사회공공이익을 위한 경우
(5) 경제 불황, 매출량의 심각한 하락 또는 명백한 생산과잉을 완화하기 위한 경우
(6) 대외 무역과 대외 경제합작의 정당한 이익을 보장하기 위한 경우
(7) 법률과 국무원이 규정하는 기타 상황

위 (1)호 내지 (5)호의 상황에 해당하여 이 법 제13조, 제14조의 규정을 적용하지 아니하는 경우 사업자는 그가 한 협의가 시장경쟁을 심각하게 제한하지 않을 것이고 소비자로 하여금 그 협의로 인하여 발생한 이익을 향유할 수 있도록 할 수 있음을 증명하여야 한다.

第16조 업계협회는 당해 업계의 사업자로 하여금 본 장이 금지하고 있는 독점행위를 하도록 조직하여서는 아니된다.

제 3 장 시장지배적 지위 남용

第17조 시장지배적 지위에 있는 사업자의 다음과 같은 시장지배적 지위 남용행위를 금지한다.
(1) 불공정한 고가로 상품을 판매하거나 불공정한 저가로 상품을 구입하는 행위
(2) 정당한 이유 없이 상품을 원가 이하의 가격으로 판매하는 행위
(3) 정당한 이유 없이 거래 상대방과의 거래를 거부하는 행위
(4) 정당한 이유 없이 거래 상대방으로 하여금 자신과만 거래하거나 자신이 지정한 사업자와만 거래하도록 제한하는 행위
(5) 정당한 이유 없이 상품을 끼워 팔거나 불합리한 거래조건을 부가하는 행위

（六）没有正当理由、对条件相同的交易相对人在交易价格等交易条件上实行差别待遇；

（七）国务院反垄断执法机构认定的其他滥用市场支配地位的行为。

本法所称市场支配地位、是指经营者在相关市场内具有能够控制商品价格、数量或者其他交易条件、或者能够阻碍、影响其他经营者进入相关市场能力的市场地位。

第十八条　认定经营者具有市场支配地位、应当依据下列因素：

（一）该经营者在相关市场的市场份额、以及相关市场的竞争状况；

（二）该经营者控制销售市场或者原材料采购市场的能力；

（三）该经营者的财力和技术条件；

（四）其他经营者对该经营者在交易上的依赖程度；

（五）其他经营者进入相关市场的难易程度；

（六）与认定该经营者市场支配地位有关的其他因素。

第十九条　有下列情形之一的、可以推定经营者具有市场支配地位：

（一）一个经营者在相关市场的市场份额达到二分之一的；

（二）两个经营者在相关市场的市场份额合计达到三分之二的；

（三）三个经营者在相关市场的市场份额合计达到四分之三的。

有前款第二项、第三项规定的情形、其中有的经营者市场份额不足十分之一的、不应当推定该经营者具有市场支配地位。

被推定具有市场支配地位的经营者、有证据证明不具有市场支配地位的、不应当认定其具有市场支配地位。

(6) 정당한 이유 없이 동등한 조건의 거래자에 대하여 거래가격 등 거래상 차별 대우를 하는 행위

(7) 국무원 반독점법 집행기구가 인정하는 기타 시장지배적 지위 남용행위

이 법에서 시장지배적 지위라 함은 관련시장에서 상품의 가격, 수량 또는 기타 거래조건을 통제할 수 있거나 다른 사업자의 관련시장 진출을 막거나, 진출에 영향을 미칠 수 있는 능력을 가진 사업자의 시장지위를 말한다.

제18조 사업자의 시장지배적 지위는 다음과 같은 요소에 의하여 인정하여야 한다.

(1) 관련시장에서의 당해 사업자의 시장점유율 및 관련시장의 경쟁상황

(2) 당해 사업자의 판매시장, 원자재 구매시장을 통제할 수 있는 능력

(3) 당해 사업자의 재력과 기술적 조건

(4) 다른 사업자들의 당해 사업자에 대한 거래상 의존도

(5) 다른 사업자들의 관련시장 진출 난이도

(6) 당해 사업자의 시장지배적 지위 인정과 관련된 기타 요소

제19조 아래 상황 중 하나에 해당하는 사업자는 시장지배적 지위에 있다고 추정될 수 있다.

(1) 관련시장에서 1개 사업자의 시장점유율이 1/2에 달하는 경우

(2) 관련시장에서 2개 사업자의 시장점유율 합계가 2/3에 달하는 경우

(3) 관련시장에서 3개 사업자의 시장점유율 합계가 3/4에 달하는 경우

제(2)호, 제(3)호가 규정한 상황에서 시장점유율이 1/10에 미달하는 사업자가 있는 경우 당해 사업자는 시장지배적 지위에 있다고 추정하지 말아야 한다.

시장지배적 지위에 있는 것으로 추정되는 사업자가 시장지배적 지위가 없다는 것을 입증하는 경우, 당해 사업자에 대하여는 시장지배적 지위를 인정하지 아니한다.

第四章 经营者集中

第二十条　经营者集中是指下列情形：

（一）经营者合并；

（二）经营者通过取得股权或者资产的方式取得对其他经营者的控制权；

（三）经营者通过合同等方式取得对其他经营者的控制权或者能够对其他经营者施加决定性影响。

第二十一条　经营者集中达到国务院规定的申报标准的、经营者应当事先向国务院反垄断执法机构申报、未申报的不得实施集中。

第二十二条　经营者集中有下列情形之一的、可以不向国务院反垄断执法机构申报：

（一）参与集中的一个经营者拥有其他每个经营者百分之五十以上有表决权的股份或者资产的；

（二）参与集中的每个经营者百分之五十以上有表决权的股份或者资产被同一个未参与集中的经营者拥有的。

第二十三条　经营者向国务院反垄断执法机构申报集中、应当提交下列文件、资料：

（一）申报书；

（二）集中对相关市场竞争状况影响的说明；

（三）集中协议；

（四）参与集中的经营者经会计师事务所审计的上一会计年度财务会计报告；

（五）国务院反垄断执法机构规定的其他文件、资料。

제 4 장 사업자집중

제20조 사업자집중이라 함은 아래와 같은 상황을 말한다.

(1) 사업자간의 합병

(2) 지분이나 자산 취득 방식을 통한 다른 사업자에 대한 통제권 취득

(3) 계약 등의 방식을 통한 다른 사업자에 대한 통제권 취득 또는 결정적인 영향력 확보

제21조 사업자집중이 국무원이 규정한 신고표준에 달하는 경우 사업자는 사업자집중 전에 국무원 반독점법 집행기구에 신고하여야 하며 신고하지 아니하는 경우 사업자집중을 실시하지 못한다.

제22조 사업자집중이 아래 상황 중 하나에 해당하는 경우 국무원 반독점법 집행기구에 신고하지 않을 수 있다.

(1) 집중에 참여하는 사업자 중 1인이 기타 사업자의 표결권이 있는 지분이나 자산의 50% 이상을 보유하고 있는 경우

(2) 집중에 참여하는 각 사업자의 표결권이 있는 지분이나 자산의 50% 이상을 집중에 참여하지 않는 사업자가 보유하고 있는 경우

제23조 국무원 반독점법 집행기구에 사업자집중을 신고하는 경우 다음과 같은 서류와 자료를 제출하여야 한다.

(1) 신고서

(2) 집중이 관련시장 경쟁상황에 미치게 될 영향에 대한 설명

(3) 집중협의서

(4) 회계사무소의 감사를 받은, 집중에 참여하는 사업자들의 그 전 회계년도 재무보고서

(5) 국무원 반독점법 집행기구가 정하는 기타 서류와 자료

申报书应当载明参与集中的经营者的名称、住所、经营范围、预定实施集中的日期和国务院反垄断执法机构规定的其他事项。

第二十四条　经营者提交的文件、资料不完备的、应当在国务院反垄断执法机构规定的期限内补交文件、资料。经营者逾期未补交文件、资料的、视为未申报。

第二十五条　国务院反垄断执法机构应当自收到经营者提交的符合本法第二十三条规定的文件、资料之日起三十日内、对申报的经营者集中进行初步审查、作出是否实施进一步审查的决定、并书面通知经营者。国务院反垄断执法机构作出决定前、经营者不得实施集中。

国务院反垄断执法机构作出不实施进一步审查的决定或者逾期未作出决定的、经营者可以实施集中。

第二十六条　国务院反垄断执法机构决定实施进一步审查的、应当自决定之日起九十日内审查完毕、作出是否禁止经营者集中的决定、并书面通知经营者。作出禁止经营者集中的决定、应当说明理由。审查期间、经营者不得实施集中。

有下列情形之一的、国务院反垄断执法机构经书面通知经营者、可以延长前款规定的审查期限、但最长不得超过六十日：

(一) 经营者同意延长审查期限的；

(二) 经营者提交的文件、资料不准确、需要进一步核实的；

(三) 经营者申报后有关情况发生重大变化的。

国务院反垄断执法机构逾期未作出决定的、经营者可以实施集中。

신고서에는 집중에 참여하는 사업자의 명칭, 주소, 경영범위, 집중 실시예정일자 및 국무원 반독점법 집행기구가 정하는 기타 사항을 명기하여야 한다.

제24조 사업자가 제출하는 서류와 자료가 완벽하지 못한 경우 국무원 반독점법 집행기구가 규정한 기한 내에 서류와 자료를 보완하여야 한다. 사업자가 서류와 자료를 보완하지 않는 경우 신고하지 아니한 것으로 본다.

제25조 국무원 반독점법 집행기구는 사업자가 제출한, 이 법 제23조 규정에 부합하는 서류와 자료를 접수한 날로부터 30일 내에 신고한 사업자집중에 대한 초보심사를 완료하고 진일보심사를 할 것인지 여부를 결정함과 아울러 서면으로 사업자에게 통지하여야 한다. 사업자는 국무원 반독점법 집행기구가 결정하기 전까지 집중을 실시하여서는 아니된다.

국무원 반독점법 집행기구가 진일보심사를 하지 않기로 결정하거나 기간이 경과되어도 결정하지 아니하는 경우 사업자는 집중을 실시할 수 있다.

제26조 국무원 반독점법 집행기구가 진일보심사를 하기로 결정한 경우 결정하는 날로부터 90일 내에 심사를 완료하고 사업자집중 금지 여부를 결정함과 아울러 서면으로 사업자에게 통지하여야 한다. 사업자집중 금지를 결정한 경우에는 그 이유를 설명하여야 한다. 사업자는 심사기간중에 집중을 실시하지 못한다.

아래 상황 중 하나에 해당하는 경우 국무원 반독점법 집행기구는 앞에서 규정한 심사기한을 연장할 수 있다. 단, 연장기간은 60일을 초과하지 못한다.

(1) 사업자가 심사기한의 연장을 동의하는 경우
(2) 사업자가 제출한 서류와 자료가 정확하지 못하여 확인하여야 하는 경우
(3) 신고한 후 사업자의 관련 상황에 중대한 변화가 발생한 경우.

국무원 반독점법 집행기구가 기간을 경과하여도 결정하지 아니하는 경우 사업자는 집중을 실시할 수 있다.

第二十七条　审查经营者集中，应当考虑下列因素：

（一）参与集中的经营者在相关市场的市场份额及其对市场的控制力；

（二）相关市场的市场集中度；

（三）经营者集中对市场进入、技术进步的影响；

（四）经营者集中对消费者和其他有关经营者的影响；

（五）经营者集中对国民经济发展的影响；

（六）国务院反垄断执法机构认为应当考虑的影响市场竞争的其他因素。

第二十八条　经营者集中具有或者可能具有排除、限制竞争效果的，国务院反垄断执法机构应当作出禁止经营者集中的决定。但是，经营者能够证明该集中对竞争产生的有利影响明显大于不利影响，或者符合社会公共利益的，国务院反垄断执法机构可以作出对经营者集中不予禁止的决定。

第二十九条　对不予禁止的经营者集中，国务院反垄断执法机构可以决定附加减少集中对竞争产生不利影响的限制性条件。

第三十条　国务院反垄断执法机构应当将禁止经营者集中的决定或者对经营者集中附加限制性条件的决定，及时向社会公布。

第三十一条　对外资并购境内企业或者以其他方式参与经营者集中，涉及国家安全的，除依照本法规定进行经营者集中审查外，还应当按照国家有关规定进行国家安全审查。

第五章　滥用行政权力排除、限制竞争

第三十二条　行政机关和法律、法规授权的具有管理公共事务职能的组织不得滥用行政权力，限定或者变相限定单位或者个人经

제27조 사업자집중 심사시에는 다음과 같은 요소를 고려하여야 한다.

(1) 집중에 참여하는 사업자의 관련시장 점유율 및 시장 통제력
(2) 관련시장의 시장집중도
(3) 시장 진출, 기술 진보에 대한 사업자집중의 영향
(4) 소비자와 기타 사업자에 대한 사업자집중의 영향
(5) 국민경제 발전에 대한 사업자집중의 영향
(6) 국무원 반독점법 집행기구가 고려하여야 한다고 인정하는 시장경쟁에 영향을 미치는 기타 요소

제28조 사업자집중이 경쟁효과를 배제, 제한하거나 그러할 가능성이 있는 경우 국무원 반독점 집행기구는 사업자집중 금지결정을 내려야 한다. 그러나 사업자가 당해 사업자집중이 경쟁에 미치는 긍정적 영향이 부정적 영향보다 현저히 크거나 사회공공의 이익에 부합한다는 것을 증명하는 경우 국무원 반독점 집행기구는 사업자집중을 금지하지 않는다는 결정을 내릴 수 있다.

제29조 사업자집중을 금지하지 않는 경우 국무원 반독점 집행기구는 경쟁에 대한 불리한 영향을 감소시키기 위한 제한성 조건을 부가하기로 결정할 수 있다.

제30조 국무원 반독점법 집행기구가 사업자집중을 금지하거나 제한성 조건을 부가하는 결정을 한 경우 즉시 사회에 공포하여야 한다.

제31조 해외자본이 중국 경내의 기업을 인수하거나 다른 방식으로 사업자집중에 참여함으로써 국가안전에 관련되는 경우, 본 법 규정에 따라 사업자집중 심사를 하는 외에 관련 국가규정에 따라 국가안전심사를 하여야 한다.

제 5 장 경쟁을 배제, 제한하는 행정권력의 남용

제32조 행정기관과 법률, 법규가 수권한 공공사무 관리기능을 가지고 있는 조직이 행정권을 남용하여 그가 지정한 사업자가 제

营、购买、使用其指定的经营者提供的商品。

第三十三条　行政机关和法律、法规授权的具有管理公共事务职能的组织不得滥用行政权力、实施下列行为、妨碍商品在地区之间的自由流通：

（一）对外地商品设定歧视性收费项目、实行歧视性收费标准、或者规定歧视性价格；

（二）对外地商品规定与本地同类商品不同的技术要求、检验标准、或者对外地商品采取重复检验、重复认证等歧视性技术措施、限制外地商品进入本地市场；

（三）采取专门针对外地商品的行政许可、限制外地商品进入本地市场；

（四）设置关卡或者采取其他手段、阻碍外地商品进入或者本地商品运出；

（五）妨碍商品在地区之间自由流通的其他行为。

第三十四条　行政机关和法律、法规授权的具有管理公共事务职能的组织不得滥用行政权力、以设定歧视性资质要求、评审标准或者不依法发布信息等方式、排斥或者限制外地经营者参加本地的招标投标活动。

第三十五条　行政机关和法律、法规授权的具有管理公共事务职能的组织不得滥用行政权力、采取与本地经营者不平等待遇等方式、排斥或者限制外地经营者在本地投资或者设立分支机构。

第三十六条　行政机关和法律、法规授权的具有管理公共事务职能的组织不得滥用行政权力、强制经营者从事本法规定的垄断行为。

공하는 상품을 단위나 개인사업자로 하여금 구매, 사용하도록 강제하거나 변칙적인 방법을 통해 강제하여서는 아니된다.

제33조 행정기관과 법률, 법규가 수권한, 공공사무 관리기능을 갖고 있는 조직이 행정권을 남용하여 다음과 같은 행위를 함으로써 지역간 상품의 자유로운 유통을 방해하여서는 아니된다.

(1) 타지역 상품을 차별하는 요금 항목을 만들고, 요금 기준을 실행하거나 차별적 가격을 규정하는 행위
(2) 타지역 상품에 대하여 현지의 동종 상품과 구별되는 기술적 요구, 검사기준을 규정하거나 타지역 상품에 대하여 중복검사, 중복인증 등 차별적 조치를 취하여 타지역 상품의 현지 시장 진출을 제한하는 행위
(3) 타지역 상품에만 행정허가제도를 채택하여 타지역 상품의 현지시장 진출을 제한하는 행위
(4) 검문소를 설치하거나 기타 수단을 통해 타지역 상품의 진입 또는 현지 상품의 반출을 방해하는 행위
(5) 지역간 상품의 자유로운 유통을 방해하는 기타 행위

제34조 행정기관과 법률, 법규가 수권한 공공사무 관리기능을 가지고 있는 조직이 행정권을 남용하여 차별적인 자격요건, 심의기준을 설정하거나 법에 의거하지 아니한 정보를 발표하는 등의 방식으로 현지에서 타지역 사업자의 입찰활동을 배척하거나 제한하여서는 아니된다.

제35조 행정기관과 법률, 법규가 수권한 공공사무 관리기능을 가지고 있는 조직이 행정권을 남용하여 현지 사업자에 비해 불평등한 대우를 하는 등의 방식으로 타지역 사업자의 현지 투자 또는 지사 설립을 배척하거나 제한하여서는 아니된다.

제36조 행정기관과 법률, 법규가 수권한 공공사무 관리기능을 가지고 있는 조직이 행정권을 남용하여 사업자로 하여금 이 법이 규정하고 있는 독점행위를 하도록 강제하여서는 아니된다.

第三十七条　行政机关不得滥用行政权力、制定含有排除、限制竞争内容的规定。

第六章　对涉嫌垄断行为的调查

第三十八条 反垄断执法机构依法对涉嫌垄断行为进行调查。

对涉嫌垄断行为、任何单位和个人有权向反垄断执法机构举报。反垄断执法机构应当为举报人保密。

举报采用书面形式并提供相关事实和证据的、反垄断执法机构应当进行必要的调查。

第三十九条 反垄断执法机构调查涉嫌垄断行为、可以采取下列措施：

（一）进入被调查的经营者的营业场所或者其他有关场所进行检查；

（二）询问被调查的经营者、利害关系人或者其他有关单位或者个人、要求其说明有关情况；

（三）查阅、复制被调查的经营者、利害关系人或者其他有关单位或者个人的有关单证、协议、会计账簿、业务函电、电子数据等文件、资料；

（四）查封、扣押相关证据；

（五）查询经营者的银行账户。

采取前款规定的措施、应当向反垄断执法机构主要负责人书面报告、并经批准。

第四十条　反垄断执法机构调查涉嫌垄断行为、执法人员不得少于二人、并应当出示执法证件。

执法人员进行询问和调查、应当制作笔录、并由被询问人或者被调查人签字。

第37条 행정기관은 행정권을 남용하여 경쟁을 배제, 제한하는 내용을 포함한 규정을 제정하여서는 아니된다.

제 6 장 독점혐의행위에 대한 조사

第38조 반독점법 집행기구는 법에 의거하여 독점혐의행위를 조사한다.

어떠한 단위 또는 개인이더라도 독점혐의행위를 반독점법 집행기구에 고발할 수 있다. 반독점법 집행기구는 고발자의 비밀을 지켜주어야 한다.

고발이 서면으로 이루어지고 관련 사실과 증거가 제공된 경우 반독점법 집행기구는 필요한 조사를 진행하여야 한다.

第39조 반독점법 집행기구는 독점혐의행위를 조사할 때 다음과 같은 조치를 취할 수 있다.

(1) 조사 대상 사업자의 영업장소나 기타 관련 장소에 진입하여 조사할 수 있다.
(2) 조사 대상 사업자, 이해관계자 또는 기타 관련 단위나 개인을 상대로 질문하고 관련 상황에 대한 설명을 요구할 수 있다.
(3) 조사 대상 사업자, 이해관계자 또는 기타 관련 단위나 개인의 관련 증빙서류, 협의서, 회계장부, 업무 관련 서한(팩스), 전자데이터 등의 서류, 자료를 열람, 복사할 수 있다.
(4) 관련 증거를 봉인, 압류할 수 있다.
(5) 조사 대상 사업자의 은행계좌를 조회할 수 있다.

위에서 규정한 조치를 취하는 경우 반독점법 집행기구 주요 책임자에게 서면으로 보고하여 승인을 받아야 한다.

第40조 반독점법 집행기구가 독점혐의행위를 조사하는 경우 집법담당자는 2명 이상이어야 하며, 집법증명서를 제시하여야 한다.

집법담당자는 질문, 조사를 할 경우 반드시 그 내용을 서면으로 작성한 후 질문대상자나 조사대상자의 서명을 받아야 한다.

第四十一条　反垄断执法机构及其工作人员对执法过程中知悉的商业秘密负有保密义务。

第四十二条　被调查的经营者、利害关系人或者其他有关单位或者个人应当配合反垄断执法机构依法履行职责、不得拒绝、阻碍反垄断执法机构的调查。

第四十三条　被调查的经营者、利害关系人有权陈述意见。反垄断执法机构应当对被调查的经营者、利害关系人提出的事实、理由和证据进行核实。

第四十四条　反垄断执法机构对涉嫌垄断行为调查核实后、认为构成垄断行为的、应当依法作出处理决定、并可以向社会公布。

第四十五条　对反垄断执法机构调查的涉嫌垄断行为、被调查的经营者承诺在反垄断执法机构认可的期限内采取具体措施消除该行为后果的、反垄断执法机构可以决定中止调查。中止调查的决定应当载明被调查的经营者承诺的具体内容。

反垄断执法机构决定中止调查的、应当对经营者履行承诺的情况进行监督。经营者履行承诺的、反垄断执法机构可以决定终止调查。

有下列情形之一的、反垄断执法机构应当恢复调查：

（一）经营者未履行承诺的；

（二）作出中止调查决定所依据的事实发生重大变化的；

（三）中止调查的决定是基于经营者提供的不完整或者不真实的信息作出的。

제41조 반독점법 집행기구 및 소속 직원은 법률 집행 과정에서 알게 된 상업비밀을 보호할 의무가 있다.

제42조 조사를 받는 사업자, 이해관계인 또는 기타 관련 단위나 개인은 반독점법 집행기구의 법에 따른 직책 이행에 협조하여야 하며 반독점법 집행기구의 조사를 거부하거나 방해하여서는 아니된다.

제43조 조사를 받는 사업자, 이해관계인은 의견을 진술할 권한이 있다. 반독점법 집행기구는 조사를 받는 사업자, 이해관계인이 제출하는 사실, 이유, 증거를 확인하여야 한다.

제44조 반독점법 집행기구는 독점혐의행위를 조사, 확인한 후 독점행위를 구성한다고 인정할 경우 법에 의거하여 그 처리를 결정하여야 하고, 이를 사회에 공포할 수 있다.

제45조 반독점법 집행기구로부터 독점혐의행위에 관하여 조사를 받고 있는 사업자가 반독점법 집행기구가 인가하는 기한 내에 구체적인 조치를 통해 당해 행위의 결과를 제거하겠다고 동의하는 경우 반독점법 집행기구는 조사의 중지를 결정할 수 있다. 조사중지의 결정은 피조사 사업자가 동의한 구체적 내용을 밝혀야 한다.

조사중지를 결정한 반독점법집행기구는 사업자가 동의한 내용의 이행상황을 감독하여야 한다. 사업자가 동의내용을 이행한 경우 반독점법 집행기구는 조사를 종료할 것을 결정할 수 있다.

아래 상황 중 하나에 해당하는 경우 반독점법 집행기구는 조사를 재개하여야 한다.

(1) 사업자가 동의내용을 이행하지 아니하는 경우
(2) 조사중지 결정의 근거가 된 사실에 중대한 변화가 발생한 경우
(3) 사업자가 제공한 불완전하거나 진실하지 않은 정보에 기하여 조사중지결정이 내려진 경우

第七章　法律责任

第四十六条　经营者违反本法规定、达成并实施垄断协议的、由反垄断执法机构责令停止违法行为、没收违法所得、并处上一年度销售额百分之一以上百分之十以下的罚款；尚未实施所达成的垄断协议的、可以处五十万元以下的罚款。

经营者主动向反垄断执法机构报告达成垄断协议的有关情况并提供重要证据的、反垄断执法机构可以酌情减轻或者免除对该经营者的处罚。

行业协会违反本法规定、组织本行业的经营者达成垄断协议的、反垄断执法机构可以处五十万元以下的罚款；情节严重的、社会团体登记管理机关可以依法撤销登记。

第四十七条　经营者违反本法规定、滥用市场支配地位的、由反垄断执法机构责令停止违法行为、没收违法所得、并处上一年度销售额百分之一以上百分之十以下的罚款。

第四十八条　经营者违反本法规定实施集中的、由国务院反垄断执法机构责令停止实施集中、限期处分股份或者资产、限期转让营业以及采取其他必要措施恢复到集中前的状态、可以处五十万元以下的罚款。

第四十九条　对本法第四十六条、第四十七条、第四十八条规定的罚款、反垄断执法机构确定具体罚款数额时、应当考虑违法行为的性质、程度和持续的时间等因素。

第五十条　经营者实施垄断行为、给他人造成损失的、依法承担民事责任。

제 7 장 법률책임

第46조 사업자가 이 법의 규정을 위반하여 독점협의에 이르고 이에 따른 행위를 하는 경우 반독점법 집행기구는 불법행위의 정지를 명하고 불법소득을 몰수하며 전년도 매출액의 1% 이상, 10% 이하의 행정벌금(罰款)을 부과한다. 독점협의에 이르렀으나 이에 따른 행위를 하지 아니한 경우에는 50만 위안(元, RMB) 이하의 행정벌금을 부과할 수 있다.

사업자가 자발적으로 반독점법 집행기구에 독점협의 관련 상황을 보고하고 중요한 증거를 제공하는 경우 반독점법집행기구는 정상을 참작하여 사업자에 대한 처벌을 감경하거나 면제할 수 있다.

업계협회가 이 법의 규정을 위반하여 당 업계 사업자간 독점협의를 하게 한 경우 반독점법 집행기구는 50만 위안(元, RMB) 이하의 행정벌금을 부과할 수 있다. 사안이 중한 경우 사회단체등록 관리기구가 법에 따라 등록을 말소할 수 있다.

第47조 사업자가 이 법의 규정을 위반하여 시장지배적 지위를 남용하는 경우 반독점법 집행기구는 불법행위의 정지를 명하고 불법소득을 몰수하며 전년도 매출액의 1% 이상, 10% 이하의 행정벌금을 부과한다.

第48조 사업자가 이 법의 규정을 위반하여 사업자집중을 실시하는 경우 국무원 반독점법 집행기구는 사업자집중 실시의 중지, 지분 또는 자산의 기한내 처분, 영업의 기한내 양도 및 기타 필요한 조치를 통해 사업자집중 전 상태로의 회복을 명하고, 50만 위안(元, RMB) 이하의 행정벌금을 부과할 수 있다.

第49조 반독점법 집행기구는 이 법 第46조, 第47조, 第48조에서 규정된 행정벌금에 관하여 구체적인 벌금액수를 확정할 때 불법행위의 성질, 정도 및 지속기간 등의 요소를 고려하여야 한다.

第50조 사업자가 독점행위로 인하여 타인에게 손실을 가한 경우 법에 의해 민사책임을 진다.

第五十一条　行政机关和法律、法规授权的具有管理公共事务职能的组织滥用行政权力、实施排除、限制竞争行为的、由上级机关责令改正；对直接负责的主管人员和其他直接责任人员依法给予处分。反垄断执法机构可以向有关上级机关提出依法处理的建议。

法律、行政法规对行政机关和法律、法规授权的具有管理公共事务职能的组织滥用行政权力实施排除、限制竞争行为的处理另有规定的、依照其规定。

第五十二条　对反垄断执法机构依法实施的审查和调查、拒绝提供有关材料、信息、或者提供虚假材料、信息、或者隐匿、销毁、转移证据、或者有其他拒绝、阻碍调查行为的、由反垄断执法机构责令改正、对个人可以处二万元以下的罚款、对单位可以处二十万元以下的罚款；情节严重的、对个人处二万元以上十万元以下的罚款、对单位处二十万元以上一百万元以下的罚款；构成犯罪的、依法追究刑事责任。

第五十三条　对反垄断执法机构依据本法第二十八条、第二十九条作出的决定不服的、可以先依法申请行政复议；对行政复议决定不服的、可以依法提起行政诉讼。

对反垄断执法机构作出的前款规定以外的决定不服的、可以依法申请行政复议或者提起行政诉讼。

第五十四条　反垄断执法机构工作人员滥用职权、玩忽职守、徇私舞弊或者泄露执法过程中知悉的商业秘密、构成犯罪的、依法追究刑事责任；尚不构成犯罪的、依法给予处分。

第51조 행정기관과 법률, 법규가 수권한 공공사무 관리기능을 갖고 있는 조직이 행정권을 남용하여 경쟁 배제, 제한 행위를 한 경우 상급기관이 그 시정을 명하고 직접적인 책임을 부담하는 주관인원과 기타 직접 관련된 인원을 법에 따라 처분한다. 반독점법집행기구는 상급기관에 의법처리를 건의할 수 있다.

법률, 행정기관과 법률, 법규가 수권한 공공사무 관리기능을 갖고 있는 조직이 행정권을 남용하여 경쟁을 배제, 제한한 행위의 처리에 관하여 별도의 규정이 있는 경우 그 규정에 따른다.

第52조 반독점법 집행기구의 법에 따른 심사와 조사에 대하여 관련 자료·정보 제공의 거부, 허위 자료·정보의 제공, 증거의 은닉·소각·이전, 조사를 거부·방해하는 기타 행위를 하는 경우 반독점법 집행기구는 그 행위의 시정을 명하고 개인에게는 2만 위안 이하의 행정벌금을, 단위에는 20만 위안 이하의 행정벌금을 부과할 수 있다. 사안이 중한 경우 개인에게는 2만 위안 이상 10만 위안 이하의 행정벌금을, 단위에는 20만 위안 이상 100만 위안 이하의 행정벌금을 부과할 수 있다. 범죄를 구성한 경우에는 법에 따라 형사책임을 추궁한다.

第53조 이 법 제28조, 제29조의 규정에 의한 반독점법 집행기구의 결정에 불복하는 경우 먼저 법에 기하여 행정복의를 신청할 수 있고, 행정복의의 결정에 불복하는 경우 법에 기하여 행정소송을 제기할 수 있다.

위 규정들 이외의 규정에 의한 반독점법 집행기구의 결정에 불복하는 경우 법에 기하여 행정복의를 신청하거나 행정소송을 제기할 수 있다.

第54조 반독점법 집행기구 소속 직원이 직권남용, 직무유기, 사욕을 위한 부정행위 또는 집행과정에서 알게 된 상업비밀 누설행위를 하고 범죄를 구성하는 경우 법에 따라 형사책임을 추궁하고, 범죄를 구성하지 않는 경우 법에 따라 처분한다.

第八章　附　则

第五十五条　经营者依照有关知识产权的法律、行政法规规定行使知识产权的行为、不适用本法；但是、经营者滥用知识产权、排除、限制竞争的行为、适用本法。

第五十六条　农业生产者及农村经济组织在农产品生产、加工、销售、运输、储存等经营活动中实施的联合或者协同行为、不适用本法。

第五十七条　本法自2008年8月1日 起施行。

제8장 부 칙

제55조 사업자가 지적재산권 관련 법률, 행정법규의 규정에 따라 지적재산권을 행사하는 행위에 대하여는 이 법을 적용하지 아니한다. 단, 사업자가 지적재산권을 남용하여 경쟁을 배제하거나 제한하는 행위에 대하여는 이 법을 적용한다.

제56조 농업생산자 및 농촌경제조직이 농산물의 생산, 가공, 판매, 운수(運輸), 보관 등의 경제활동에서 실시하는 연합 또는 협동 행위에 대하여는 이 법을 적용하지 아니한다.

제57조 이 법은 2008년 8월 1일부터 시행한다.

附录 2

国务院关于经营者集中申报标准的规定

• 2008年 8月 3日 制定
• 2008年 11月 18日 施行

第一条 为了明确经营者集中的申报标准、根据《中华人民共和国反垄断法》、制定本规定。

第二条 经营者集中是指下列情形：

（一）经营者合并；

（二）经营者通过取得股权或者资产的方式取得对其他经营者的控制权；

（三）经营者通过合同等方式取得对其他经营者的控制权或者能够对其他经营者施加决定性影响。

第三条 经营者集中达到下列标准之一的、经营者应当事先向国务院商务主管部门申报、未申报的不得实施集中：

（一）参与集中的所有经营者上一会计年度在全球范围内的营业额合计超过100亿元人民币、并且其中至少两个经营者上一会计年度在中国境内的营业额均超过4亿元人民币；

（二）参与集中的所有经营者上一会计年度在中国境内的营业额合计超过20亿元人民币、并且其中至少两个经营者上一会计年度在中国境内的营业额均超过4亿元人民币。

营业额的计算、应当考虑银行、保险、证券、期货等特殊行业、领域的实际情况、具体办法由国务院商务主管部门会同国务院有关部门制定。

국무원의 사업자집중 신고표준에 관한 규정

- 2008년 8월 3일 제정
- 2008년 11월 18일 시행

제1조 사업자집중 신고표준을 명확히 하기 위해 <중화인민공화국 반독점법>에 근거하여 본 규정을 제정한다.

제2조 사업자집중은 다음과 같은 상황을 말한다.

(1) 사업자간의 합병

(2) 지분이나 자산 취득 방식을 통한 다른 사업자에 대한 통제권 취득

(3) 계약 등의 방식을 통한 다른 사업자에 대한 통제권 취득 또는 결정적인 영향력 확보

제3조 사업자집중이 다음과 같은 표준에 해당하는 경우 사업자는 사전에 국무원 상무주관부서에 사업자집중신고를 하여야 하고 신고하지 않는 경우 집중을 실시하지 못한다.

1. 사업자집중에 참여한 모든 사업자의 직전 회계년도 전세계 영업액이 합계 100억 위안을 초과하고, 그 중 최소 2개 사업자의 직전 회계년도 중국 역내 영업액이 각 4억 위안을 초과하는 경우
2. 사업자집중에 참여한 모든 사업자의 직전 회계년도 중국 역내 영업액이 합계 20억 위안을 초과하고, 그 중 최소 2개 사업자의 직전 회계년도 중국 역내 영업액이 각 4억 위안을 초과하는 경우

영업액의 계산은 은행, 보험, 증권, 선물 등의 특수 업종과 영역의 실제 상황을 고려하여 국무원 상무주관부서가 국무원 유관 부문과 함께 제정한다.

第四条　经营者集中未达到本规定第三条规定的申报标准、但按照规定程序收集的事实和证据表明该经营者集中具有或者可能具有排除、限制竞争效果的、国务院商务主管部门应当依法进行调查。

第五条　本规定自公布之日起施行。

제4조 사업자집중이 본 규정 제3조의 신고표준에 미달하나 규정에 따라 수집한 사실과 증거에 의하여 그 사업자집중이 경쟁을 배제, 제한하는 효과를 가지고 있다고 보이는 경우 국무원 상무주관부문은 법에 의하여 조사를 진행하여야 한다.

제5조 본 규정은 공포일로부터 시행한다.

附录 3

经营者集中申报表 垄断

• 中华人民共和国商务部反垄断局
• 2009年 1月 5日 制定

<table>
<tr><td colspan="4">1. 申报人基本信息</td></tr>
<tr><td>(1) 申报人</td><td colspan="3"></td></tr>
<tr><td>(2) 申报人地址、邮编</td><td colspan="3"></td></tr>
<tr><td>(3) 联系人</td><td></td><td>单位</td><td></td></tr>
<tr><td>职　务</td><td></td><td>联系电话</td><td></td></tr>
<tr><td>传　真</td><td></td><td>电子邮件</td><td></td></tr>
<tr><td colspan="4">(4) 申报人是： 并购方　　　　被并购方</td></tr>
<tr><td colspan="4">(5) 申报人是：
公　司
自然人
其他(请具体说明)：</td></tr>
<tr><td>(6) 委托代理人</td><td colspan="3"></td></tr>
<tr><td>联系人</td><td></td><td>联系电话</td><td></td></tr>
<tr><td>传　真</td><td></td><td>电子邮件</td><td></td></tr>
</table>

사업자집중 신고표 표준양식

• 중화인민공화국 상무부 반독점국
• 2009년 1월 5일 제정

<table>
<tr><td colspan="4">1. 신고인 기본 정보</td></tr>
<tr><td>(1) 신고인</td><td colspan="3"></td></tr>
<tr><td colspan="2">(2) 신고인 주소, 우편번호</td><td colspan="2"></td></tr>
<tr><td>(3) 신고 담당자</td><td></td><td>회 사</td><td></td></tr>
<tr><td>직 무</td><td></td><td>전화번호</td><td></td></tr>
<tr><td>팩스번호</td><td></td><td>이메일 주소</td><td></td></tr>
<tr><td colspan="4">(4) 신고인은: 인수자 피인수자</td></tr>
<tr><td colspan="4">(5) 신고인은:
회사
개인
기타(구체적으로 설명함) :</td></tr>
<tr><td>(6) 위탁 대리인</td><td colspan="3"></td></tr>
<tr><td>신고담당자</td><td></td><td>전화번호</td><td></td></tr>
<tr><td>팩스번호</td><td></td><td>이메일 주소</td><td></td></tr>
</table>

<table>
<tr><td colspan="2">2. 申报事由</td></tr>
<tr><td colspan="2">拟进行的经营者集中满足下列哪项申报条件：

参与集中的所有经营者上一会计年度在全球范围内的营业额合计超过100亿元人民币、并且其中至少两个经营者上一会计年度在中国境内的营业额均超过4亿元人民币；参与集中的所有经营者上一会计年度在中国境内的营业额合计超过20亿元人民币、并且其中至少两个经营者上一会计年度在中国境内的营业额均超过4亿元人民币。
其他</td></tr>
<tr><td colspan="2">3. 并购方基本情况</td></tr>
<tr><td colspan="2">(可附页说明)</td></tr>
<tr><td colspan="2">4. 被并购方基本情况</td></tr>
<tr><td colspan="2">(可附页说明)</td></tr>
<tr><td colspan="2">5. 并购方关联公司基本信息及其组织结构图</td></tr>
<tr><td colspan="2">(可附页说明)</td></tr>
<tr><td colspan="2">6. 被并购方关联公司基本信息及其组织结构图</td></tr>
<tr><td colspan="2">(可附页说明)</td></tr>
<tr><td colspan="2">7. 并购交易概况</td></tr>
<tr><td>(1) 交易名称</td><td></td></tr>
<tr><td colspan="2"></td></tr>
</table>

2. 신고 사유	
진행하고자 하는 사업자집중은 하기에 열거한 어느 신고조건에 만족되는가: 집중에 참여한 모든 사업자의 직전 회계년도 전세계 영업액이 합계 인민폐 100억 위안을 초과하고, 동시에 그 중 최소 2개 사업자의 직전 회계년도 중국 역내 영업액이 각 인민폐 4억 위안을 초과하는 경우. 집중에 참여한 모든 사업자의 직전 회계년도 중국 역내 영업액이 인민폐 20억 위안을 초과하고, 동시에 그 중 최소 2개 사업자의 직전 회계년도 중국 역내 영업액이 각 인민폐 4억 위안을 초과하는 경우. 기타	
3. 인수자 기본 상황	
(다른 페이지에 별도로 설명 가능함)	
4. 피인수자 기본 상황	
(다른 페이지에 별도로 설명 가능함)	
5. 인수자의 관련회사 기본 정보 및 그 조직구조표	
(다른 페이지에 별도로 설명 가능함)	
6. 피인수자의 관련회사 기본정보 및 그 조직구조표	
(다른 페이지에 별도로 설명 가능함)	
7. 인수거래 개관	
(1) 거래 명칭	

<table>
<tr><td colspan="2">(2) 该交易属于：
资产收购
股权收购
合并
组建合营企业
其它(请具体说明)：___________</td></tr>
<tr><td colspan="2">(3) 该交易是否需在其他国家、地区提起申报？
是 否
如果是、请列明需要申报的国家和地区：</td></tr>
<tr><td colspan="2">(4) 交易标的</td></tr>
<tr><td>(5) 交易金额</td><td></td></tr>
<tr><td colspan="2">(6) 交易所涉行业、产品和地域</td></tr>
<tr><td colspan="2">(7) 交易过程描述</td></tr>
<tr><td>(8) 交易预计完成日期</td><td></td></tr>
<tr><td colspan="2">(9) 交易完成后、参与并购有关公司的控制和关联关系及示意图</td></tr>
</table>

(2) 본건 거래는 아래의 몇 호에 속함 :

자산인수

지분인수

합병

합자기업 설립

기타 (구체적으로 설명함):

(3) 본건 거래가 기타 국가, 지역에서 신고해야 하는지 여부 ?

YES NO

YES일 경우, 신고해야 하는 국가와 지역을 열거함 :

(4) 거래 대상물

(5) 거래 금액

(6) 거래가 관련된 업종, 제품과 지역

(7) 거래 과정 서술

(8) 거래종료 예정 일자

(9) 거래가 완성된 후, 인수에 참여한 회사의 지배관계와 관련 관계 및 그 설명 도표

<table>
<tr><td>(10) 交易的动机、目的和经济合理性及市场发展计划</td></tr>
<tr><td>8. 集中对相关市场竞争状况影响的说明</td></tr>
<tr><td>(1) 相关市场界定
请界定产品市场和地域市场并说明理由。</td></tr>
<tr><td>(2) 相关市场基本状况
请说明相关市场基本状况及提供数据来源和计算依据、证明文件。</td></tr>
<tr><td>(3) 集中对市场结构的影响
请说明集中对市场结构的影响及提供数据来源和计算依据、证明文件。</td></tr>
<tr><td>(4) 相关市场上、下游主要企业名单、联系人及联系方式
请提供相关市场及集中各方上、下游主要企业名单、联系人及联系方式。</td></tr>
<tr><td>(5) 相关市场供应和需求结构
请分析相关市场供应结构和需求结构。</td></tr>
<tr><td>9. 市场进入分析</td></tr>
<tr><td>(1) 进入市场的成本、障碍及进入的难易程度</td></tr>
<tr><td>(2) 因知识产权而产生的限制</td></tr>
</table>

(10) 거래의 동기, 목적과 경제적 합리성 및 시장발전계획
8. 집중이 관련시장의 경쟁상황에 미치는 영향에 대한 설명
(1) 관련시장 범위의 획정 제품시장과 지역시장의 범주를 획정하고 그 이유를 설명함.
(2) 관련시장의 기본상황 관련시장의 기본상황을 설명하고 자료 출처와 계산 근거, 증명문서를 제공함.
(3) 집중의 시장구조에 대한 영향 집중의 시장구조에 대한 영향을 설명하고 자료의 출처와 계산 근거, 증명문서를 제공함.
(4) 관련시장 상・하위 주요 기업의 명단, 연락처 관련시장 및 집중 각 측 상・하위(구매, 공급) 주요 기업의 명단, 연락처를 제공함.
(5) 관련시장의 공급과 수요구조 관련시장의 공급과 수요구조를 분석함.
9. 시장 진입 분석
(1) 시장진입시의 원가, 장애 및 진입의 난이도
(2) 지적재산권으로 인하여 발생한 제한

(3) 相关产品规模经济的重要性
(4) 相关市场上竞争者数量、规模以及上下游市场是否存在事实或法律上的限制等
(5) 潜在市场竞争和可能的市场进入 介绍潜在市场竞争和可能的市场进入情况、并说明最近三年、相关市场上的重大市场进入或退出情况。如有可能请提交进入或退出企业名称、联系方式等详细情况。
10. 相关市场内经营者横向或纵向合作协议情况
请说明相关市场内经营者横向或纵向合作协议情况、例如是否存在研发、专利使用权转让、联合生产、分销、长期供应以及资料交换等方面的协议。如有可能、应提交上述协议的进一步情况。
11. 集中对各方面的影响
请说明集中对市场结构、行业发展、竞争者、上下游经营者、消费者、技术进步和经济发展的影响。
12. 集中可能产生的效率
请说明集中可能产生的效率并提供相应的支持文件。

(3) 관련 제품의 규모경제의 중요성
(4) 관련시장에 있어 경쟁자의 수량, 규모 및 상위 또는 하위시장에 사실상 혹은 법률상의 제한이 존재하는지 여부 등
(5) 잠재적인 시장경쟁과 시장진입 가능상황 잠재적인 시장경쟁과 시장진입 가능상황을 소개하고, 최근 3년간 관련시장에서의 중대한 시장진입 혹은 퇴출 상황을 설명하고 가능하면 진입 혹은 퇴출 기업의 명칭, 연락처 등 상세한 정보를 제출함.
10. 관련시장 내 경영자의 수평적 혹은 수직적 협력 합의상황
관련시장 내 경영자의 수평적 혹은 수직적 협력 합의상황(예를 들면 R&D, 특허사용권의 양도, 연합 생산, 판매, 장기 공급 및 자료교환 등 방면에 관한 합의의 존재 여부)을 설명하고, 가능하면 상술한 합의의 상세 상황을 제출함.
11. 집중이 각 방면에 대한 영향
집중이 시장구조, 업종 발전, 경쟁자, 상·하위 사업자, 소비자, 기술 진보와 경제 발전에 대한 영향을 설명함.
12. 집중이 가져올 수 있는 효율
집중이 가져올 수 있는 효율을 설명하고 관련 설명 문서를 제공함.

13. 集中各方在其他市场的情况
请说明集中各方在相关市场以外其他市场的规模和竞争能力情况。
14. 集中协议内容摘要
15. 集中各方上一会计年度经审计的财务报表内容摘要
16. 支持性研究报告内容摘要
17. 集中被禁止对各方面的影响
请说明集中被禁止可能产生的影响
18. 相关市场行业协会信息
请说明是否存在行业协会、协会的名称、负责人及联系方式(含电话、传真、电子邮件和网址)。
19. 有关方面的意见
请介绍有关方面对本次集中的意见、并提供书面文件。

13. 집중 당사자들의 기타 시장에서의 상황
집중 당사자들의 관련시장 외 기타 시장에서의 규모와 경쟁능력 상황을 설명함.
14. 집중합의의 내용 요약
15. 집중 당사자들의 회계감사를 거친 직전 회계년도 재무제표의 내용 요약
16. 설명성 연구보고서 내용 요약
17. 집중이 금지될 경우 각 방면에 대한 영향
집중이 금지될 경우 생산에 미칠 수 있는 영향을 설명함.
18. 관련시장 업계협회의 정보
업계협회의 존재 여부, 협회의 명칭, 책임자 및 연락처(전화번호, 팩스번호, 이메일과 웹 사이트 주소)을 설명함.
19. 관련 방면에 대한 의견
본 사업자집중 관련 방면에 대한 의견을 소개하고 문서를 제공.

20. 其他需要说明的情况
21. 申报人承诺
申报人在此承诺、本申报书、申报书的附件以及申报人在申报过程中提供的任何信息都是真实、完整和准确的、不存在任何虚假陈述或误导信息。 申报人签字：

20. 기타 설명이 필요한 상황
21. 신고인의 승낙
신고인은 본 신고서, 신고서의 첨부문서 및 신고인이 신고과정 중에 제공한 모든 정보가 진실, 완전하고 정확하며 허위진술 및 정보의 오도가 없음을 승낙함. 신고인 서명:

附录 4

美国可口可乐公司 / 中国汇源果汁集团有限公司

• 中华人民共和国商务部公告 2009年 第22号
• 2009年 3月 18日 施行

中华人民共和国商务部收到美国可口可乐公司(简称可口可乐公司)与中国汇源果汁集团有限公司(简称中国汇源公司)的经营者集中反垄断申报、根据《反垄断法》第三十条、现公告如下:

一、立案和审查过程。
2008年9月18日、可口可乐公司向商务部递交了申报材料。9月25日、10月9日、10月16日和11月19日、可口可乐公司根据商务部要求对申报材料进行了补充。11月20日、商务部认为可口可乐公司提交的申报材料达到了《反垄断法》第二十三条规定的标准、对此项申报进行立案审查、并通知了可口可乐公司。由于此项集中规模较大、影响复杂、2008年12月20日、初步阶段审查工作结束后、商务部决定实施进一步审查、书面通知了可口可乐公司。在进一步审查过程中、商务部对集中造成的各种影响进行了评估、并于2009年3月20日前完成了审查工作。

二、审查内容。
根据《反垄断法》第二十七条、商务部从如下几个方面对此项经营者集中进行了全面审查:
(一) 参与集中的经营者在相关市场的市场份额及其对市场的控制力;
(二) 相关市场的市场集中度;

코카콜라 / 훼이위앤 사업자집중금지 공고문

• 중화인민공화국 상무부 공고 2009년 제22호
• 2009년 3월 18일 시행

중국 상무부는 미국 코카콜라사와 중국 훼이위앤과즙그룹의 사업자집중 반독점신고를 접수하여 반독점법 제30조에 따라 다음과 같이 공고한다.

1. 입안과 심사 과정

코카콜라사는 2008년 9월 18일 상무부에 사업자집중 신고자료를 제출하였고, 상무부의 요구에 따라 동년 9월 25일, 10월 9일, 10월 16일과 11월 19일에 근거하여 신고에 관한 보충서류를 제출하였다. 상무부는 2008년 11월 20일 코카콜라사가 제출한 신고자료가 반독점법 제23조에 규정한 표준에 도달하였다고 인정하고 해당 신고에 대하여 입건심사를 진행하기로 하고 이를 코카콜라사에 통지하였다. 해당 사업자집중은 규모가 크고 영향이 복잡하여 2008년 12월 20일 초보단계심사업무가 끝난 후 상무부는 진일보심사를 실시하기로 결정하고 이를 서면으로 코카콜라사에 통지하였다. 진일보심사과정에서 상무부는 사업자집중이 조성하는 각종 영향에 대하여 평가를 진행하였고, 2009년 3월 20일 전에 심사를 마쳤다.

2. 심사 내용

상무부는 반독점법 제27조에 근거하여 아래의 여러 가지 방면에 관하여 해당 사업자집중에 대한 전면적인 심사를 진행하였다.

(1) 사업자집중에 참여한 사업자의 관련시장에서의 시장점유율 및 시장에 대한 지배력

(2) 관련시장의 시장집중도

(三) 经营者集中对市场进入、技术进步的影响;
(四) 经营者集中对消费者和其他有关经营者的影响;
(五) 经营者集中对国民经济发展的影响;
(六) 汇源品牌对果汁饮料市场竞争产生的影响。

三、审查工作。
立案后、商务部对此项申报依法进行了审查、对申报材料进行了认真核实、对此项申报涉及的重要问题进行了深入分析、并通过书面征求意见、论证会、座谈会、听证会、实地调查、委托调查以及约谈当事人等方式、先后征求了相关政府部门、相关行业协会、果汁饮料企业、上游果汁浓缩汁供应商、下游果汁饮料销售商、集中交易双方、可口可乐公司中方合作伙伴以及相关法律、经济和农业专家等方面意见。

四、竞争问题。
审查工作结束后、商务部依法对此项集中进行了全面评估、确认集中将产生如下不利影响:

1、集中完成后、可口可乐公司有能力将其在碳酸软饮料市场上的支配地位传导到果汁饮料市场、对现有果汁饮料企业产生排除、限制竞争效果、进而损害饮料消费者的合法权益。

2、品牌是影响饮料市场有效竞争的关键因素、集中完成后、可口可乐公司通过控制“美汁源”和“汇源”两个知名果汁品牌、对果汁市场控制力将明显增强、加之其在碳酸饮料市场已有的支配地位以及相应的传导效应、集中将使潜在竞争对手进入果汁饮料市场的障碍明显提高。

(3) 사업자집중의 시장진입, 기술진보에 대한 영향
(4) 사업자집중의 소비자, 기타 관련 사업자에 대한 영향
(5) 사업자집중의 국민경제발전에 대한 영향
(6) 훼이위앤 브랜드가 과즙음료 시장경쟁에 미칠 영향

3. 심사 업무

입건 후 상무부는 해당 신고에 대하여 법에 의해 심사를 진행하였는바, 신고자료에 대하여 검토, 대조를 진행하고 해당 신고와 관련된 중요한 문제들에 대하여 철저한 분석을 진행하고 의견청취, 논증회, 좌담회, 공청회, 현지조사, 위탁조사 및 당사자 약속상담 등을 통하여 관련 정부부서, 관련 업계협회, 과즙음료기업, 과즙농즙액공급상, 과즙음료판매상, 사업자집중 당사자 쌍방, 코카콜라사와 합작한 중국 회사 및 관련 법률, 경제와 농업전문가 등으로부터 의견을 구하였다.

4. 경쟁 문제

심사업무가 끝난 후 상무부는 법에 따라 해당 사업자집중에 대하여 전면적인 평가를 진행하고 사업자집중으로 인해 다음과 같은 불리한 영향이 발생할 것을 확인하였다.

(1) 사업자집중 완성 후 코카콜라사는 그의 탄산음료 시장상의 지배지위가 과즙음료시장에 전도될 능력이 있어 현재 과즙음료기업에 대하여 경쟁을 배제, 제한하는 효과를 낳게 되고 나아가 음료소비자의 합법적 권익에 손해를 가함.

(2) 브랜드는 음료시장의 유효한 경쟁에 영향을 주는 관건적 요소로 사업자집중 완성 이후 코카콜라사는 "미즙원"과 "훼이위앤"의 2개 유명과즙브랜드에 대한 통제를 통하여 과즙시장에 대한 통제력은 뚜렷하게 증강될 것이며 그의 탄산음료시장의 기존 지배지위 및 상응한 전도 효과를 더해 줌으로써 사업자집중은 잠재적 경쟁상대의 과즙음료시장 진입에 대한 장애를 뚜렷하게 높일 것임.

3、集中挤压了国内中小型果汁企业生存空间、抑制了国内企业在果汁饮料市场参与竞争和自主创新的能力、给中国果汁饮料市场有效竞争格局造成不良影响、不利于中国果汁行业的持续健康发展。

五、附加限制性条件的商谈。

为了减少审查中发现的不利影响、商务部与可口可乐公司就附加限制性条件进行了商谈。商谈中、商务部就审查中发现的问题、要求可口可乐公司提出可行解决方案。可口可乐公司对商务部提出的问题表述自己的看法、并先后提出了初步解决方案及其修改方案。经过评估、商务部认为可口可乐公司针对影响竞争问题提出的救济方案、仍不能有效减少此项集中产生的不利影响。

六、审查决定。

鉴于上述原因、根据《反垄断法》第二十八条和第二十九条、商务部认为、此项经营者集中具有排除、限制竞争效果、将对中国果汁饮料市场有效竞争和果汁产业健康发展产生不利影响。鉴于参与集中的经营者没有提供充足的证据证明集中对竞争产生的有利影响明显大于不利影响或者符合社会公共利益、在规定的时间内、可口可乐公司也没有提出可行的减少不利影响的解决方案、因此、决定禁止此项经营者集中。

本决定自公告之日起生效。

中华人民共和国商务部

二〇〇九年三月十八日

(3) 사업자집중은 국내 중소형 과즙기업의 생존공간을 억누르고 국내기업의 과즙음료시장에서의 경쟁 참여와 자체 개발능력을 억제하여 중국 과즙음료시장의 유효한 경쟁국면에 좋지 않은 영향을 줌으로써 중국 과즙업종의 지속적이고 건강한 발전에 불리함.

5. 제한성 조건부 상담

심사과정에 발견한 불리한 영향을 감소시키기 위하여 상무부는 코카콜라사와 제한성 조건에 관하여 상담을 진행하였다. 상담 중 상무부는 심사과정 발견한 문제에 대하여 코카콜라사가 해결방안을 제출할 것을 요구하였다. 코카콜라사는 상무부가 제출한 문제에 대하여 자신의 관점을 진술하고 초보적 해결방안 및 수정방안을 제출하였다. 평가를 거친 후 상무부는 코카콜라사가 경쟁에 미치는 영향 문제에 대하여 제출한 구제방안이 여전히 해당 사업자집중으로 인하여 발생하게 될 불리한 영향을 감소하지 못한다고 인정하였다.

6. 심사 결정

상술한 원인으로 상무부는 반독점법 제28조와 제29조에 근거하여 해당 사업자집중은 경쟁을 배제, 제한하는 효과가 있어 중국 과즙음료시장의 유효한 경쟁과 과즙산업의 건강적인 발전에 불리한 영향을 줄 것이라고 판단하였다. 사업자집중에 참여하는 사업자가 사업자집중이 경쟁에 대하여 발생시킬 유리한 영향이 불리한 영향에 비해 뚜렷하게 크거나 사회공공이익에 부합된다는 충분한 증거를 제공하지 못하였고 규정한 시간 내에 코카콜라사가 불리한 영향을 감소시킬 수 있는 타당한 해결방안을 제출하지 못하였으므로 해당 사업자집중을 금지하기로 결정하였다.

본 결정은 공고일로부터 효력이 발생한다.

중화인민공화국 상무부

2009년 3월 18일

附录 5

英博集团公司 / AB公司

• 中华人民共和国商务部公告 2008年 第95号—对英博集团公司收购AB公司的审查
• 2008年 11月 18日 施行

中华人民共和商务部收到英博集团公司(INBEV N.V./S.A.) 收购AB公司(ANHEUSER-BUSCH COMPANIES INC.)的反垄断申报材料、经审查、决定如下：

一、审查程序。
2008年9月10日、英博公司向商务部递交了申报材料。10月17日和10月23日、英博公司对申报材料进行了补充。10月27日、商务部对此项申报进行立案审查、并发出了立案通知。

二、审查决定。
立案后、商务部对申报材料进行了审查、并征求了政府有关部门的意见、听取了相关啤酒行业协会、国内主要啤酒生产企业、啤酒原料生产企业以及啤酒产品销售商的意见、根据反第28条的规定、决定对此项并购不予禁止。

三、附加的限制性条件。
鉴于此项并购规模巨大、合并后新企业市场份额较大、竞争实力明显增强、为了减少可能对中国啤酒未来市场竞争产生的不利影响、商务部对审查决定附加限制性条件、要求英博公司履行如下义务：

인베브/안호이저-부시 사업자집중 조건부승인 공고문

• 중국 상무부 공고 2008년 第95호 – 인베브그룹의 안호이저-부시 회사 인수심사
• 2008년 11월 18일 시행

중국 상무부는 인베브그룹(INVEB)의 AB회사(ANHEUSER-BUSCH) 인수에 관한 반독점 신고자료를 접수하여 심사를 거쳐 아래와 같이 결정한다.

1. 심사 과정

2008년 9월 10일, 인베브사는 상무부에 신고자료를 제출하였다. 10월 17일과 10월 23일에 인베브사는 신고자료를 보완하였다. 10월 27일 상무부는 본 신고를 입안하고, 이를 통지하였다.

2. 심사 결정

입안 후 상무부는 신고자료를 심사하고 정부 유관부처의 의견을 들었으며 이와 병행하여 맥주 관련 업계협회와 국내 주요 맥주생산회사, 맥주원료 생산기업 및 맥주상품판매상의 의견들을 청취한 후 제28조의 규정에 기하여 본건 인수를 금지하지 않기로 결정하였다.

3. 제한성 조건 부가

본건 인수의 규모가 거대하고 합병 후 신기업의 시장점유율이 비교적 크며 시장경쟁력이 확연히 증가한 점을 고려하여 중국 맥주시장에 향후 시장경쟁생산에 미칠 수 있는 부정적 영향을 줄이기 위해 상무부는 심사결정에 제한성 조건을 부가하기로 결정하여 인베브사에 다음과 같은 의무를 이행하도록 요구한다.

1、不得增加AB公司在青岛啤酒股份有限公司现有27%的持股比例；
2、如果英博公司的控股股东或控股股东的股东发生变化、必须及时通报商务部；
3、不得增加英博公司在珠江啤酒股份有限公司现有28.56%的持股比例；
4、不得寻求持有华润雪花啤酒(中国)有限公司和北京燕京啤酒有限公司的股份；如果违反上述任何一项承诺、英博公司必须事先向商务部及时进行申报、商务部批准前、不得实施。

本决定自公告之日起生效。

中华人民共和国商务部
二〇〇八年十一月十八日

(1) AB사가 현재 보유중인 칭다오 맥주의 27%의 지분 비율 확대 금지.
(2) 인베브사의 지배주주 또는 지배주주의 주주에 변화가 발생했을 경우 즉시 상무부에 통보.
(3) 인베브사가 현재 보유중인 주장 맥주의 28.56%의 지분 비율 확대 금지.
(4) 화룬쉬에화 맥주와 옌징 맥주의 지분 보유 금지.

만약 위 조건 중 어느 하나를 위반할 경우 인베브사는 반드시 사전에 상무부에 신고하여야 하며 상무부의 비준을 받기 전에는 이를 실시하지 못한다.

본 결정은 공고일로부터 효력이 발생한다.

중화인민공화국 상무부
2008년 11월 18일

附录 6

日本三菱丽阳公司 / 璐彩特国际公司

• 中华人民共和国商务部公告 2009年 第28号
• 2009年 4月 25日 施行

中华人民共和国商务部收到日本三菱丽阳公司(简称三菱丽阳公司)拟收购璐彩特国际公司(简称璐彩特公司)的经营者集中反垄断申报、根据《反垄断法》第三十条、现公告如下：

一、立案和审查过程。

2008年12月22日、日本三菱丽阳公司向商务部提交了申报材料。三菱丽阳公司根据商务部要求对申报材料进行了补充、2009年1月20日、商务部认为申报材料达到了《反垄断法》第二十三条规定的标准、对此项申报进行立案审查、并通知了三菱丽阳公司。鉴于双方在甲基丙烯酸甲酯(Methylmethacrylate、简称“MMA”)市场份额较高、合并后导致的市场集中度变化幅度较大、且收购方因并购在MMA市场取得的市场支配力将产生纵向封锁效应、2009年2月20日、初步阶段审查工作结束后、商务部决定实施进一步审查、书面通知了三菱丽阳公司、进一步审查截止日为2009年5月20日。在进一步审查过程中、商务部对集中造成的各种影响进行了评估、并于2009年5月20日前完成了审查工作。

二、审查内容。

根据《反垄断法》第二十七条、商务部从如下几个方面对此项经营者集中进行了全面审查：

미쯔비씨레이온/루사이트 사업자집중 조건부승인 공고문

• 중화인민공화국 상무부 공고 2009년 제28호
• 2009년 4월 25일 시행

중국 상무부는 일본 미쯔비씨레이온사의 루사이트사 인수에 대한 사업자집중 반독점신고를 접수하여 반독점법 제30조에 따라 다음과 같이 공고한다.

1. 입안과 심사 과정

2008년 12월 22일, 일본 미쯔비씨레이온사는 상무부에 신고자료를 제출하였다. 미쯔비씨레이온사는 상무부의 요구에 따라 신고자료를 보완하였고 2009년 1월 20일 상무부는 신고자료가 반독점법 제23조 규정의 표준에 도달하였다고 판단하여 본 신고를 입안하기로 결정하고 미쯔비씨레이온사에 이를 통지하였다. 쌍방의 메타크릴산메틸(약칭 'MMA') 시장점유율이 비교적 높고 합병 후 시장집중도에 미칠 변화의 폭이 비교적 크며 인수회사가 합병으로 인해 MMA시장에서 시장지배력을 취득하여 수직적인 봉쇄효과를 낳을 것이므로 2009년 2월 20일 초보단계심사를 종료한 후 상무부는 진일보심사를 하기로 결정하였고 이를 서면으로 미쯔비씨레이온사에 통지하였으며 진일보심사기간을 2009년 5월 20일까지로 하였다. 진일보심사과정에서 상무부는 사업자집중이 야기할 각종 영향에 대한 평가를 진행하였고 2009년 5월 20일 전에 심사를 완성하였다.

2. 심사 내용

반독점법 제27조에 근거하여 상무부는 본건 사업자집중에 대하여 아래와 같은 사항들에 관한 전면적 심사를 진행하였다.

（一）参与集中的经营者在相关市场的市场份额及其对市场的控制力；
（二）相关市场的市场集中度；
（三）经营者集中对市场进入、技术进步的影响；
（四）经营者集中对消费者和其他有关经营者的影响；
（五）经营者集中对国民经济发展的影响；
（六）其他因素对市场竞争产生的影响。

三、审查工作。

立案后、商务部对此项申报依法进行了审查、对申报材料进行了认真核实、对此项申报涉及的重要问题进行了深入分析、并通过书面征求意见、论证会和座谈会以及约谈当事人等方式、先后征求了相关行业协会、MMA生产商、PMMA粒子生产商、PMMA板材生产商和集中交易双方等方面意见。

四、相关市场。

三菱丽阳公司和璐彩特公司的业务重叠主要是在MMA的生产和销售上。除MMA外、两家公司在某些特种甲基丙烯酸酯单体(SpMAs)、PMMA粒子和PMMA板材产品上也有少量重叠。因此、相关产品市场为MMA、SpMAs、PMMA粒子和PMMA板材。本项集中对除MMA外的其他三类产品市场影响很小。本项集中的相关地域市场为中国市场。

五、竞争问题。

经审查、商务部依法对此项集中进行了全面评估、确认集中将产生如下不利影响：

(1) 사업자집중에 참여한 사업자의 관련시장 시장점유율 및 시장 통제력
(2) 관련시장의 시장집중도
(3) 사업자집중의 시장진입, 기술진보에 대한 영향
(4) 사업자집중의 소비자와 기타 관련 사업자에 대한 영향
(5) 사업자집중의 국민경제발전에 대한 영향
(6) 기타 시장경쟁 발생에 대한 영향 인자

3. 심사 업무

상무부는 입안 후 법에 따라 본건 신고를 심사하고 신고자료를 충실하게 검토하였으며 본건 신고에 언급된 중요한 문제들에 관하여 심도있는 분석을 진행하는 한편 서면을 통한 의견 청취, 논증회, 좌담회 및 당사자 상담 등의 방식을 통해 관련 업계협회, MMA 생산회사, PMMA 소립자 생산회사, PMMA 판금회사, 사업자집중 쌍방 등의 의견을 청취하였다.

4. 관련시장

미쯔비씨레이온과 루사이트의 업무는 주로 MMA 생산과 판매에서 중첩되고 있다. 양 회사는 MMA 이외에 SpMAs, PMMA 소립자와 PMMA 판금상품 시장에서도 일부분 중첩되고 있다. 따라서 관련시장은 MMA, SpMAs, PMMA 소립자와 PMMA 판금상품이다. 본 집중의 경우 MMA를 제외한 기타 상품시장에의 영향은 매우 적다. 본 집중의 관련 지역시장은 중국시장이다.

5. 경쟁문제

상무부는 심사를 거쳐 법에 따라 본 집중에 대한 전면적 평가를 진행하였고 사업자집중이 생산에 다음과 같은 불리한 영향을 낳을 것이라는 점을 확인하였다.

从横向看、此次交易很可能会对中国MMA市场的有效竞争格局产生负面影响。双方合并后的市场份额达到64%、远远高于位于第二的吉林石化和位于第三的黑龙江龙新公司。凭借在MMA市场取得的支配地位、合并后三菱丽阳公司有能力在中国MMA市场排除和限制竞争对手。

从纵向看、由于三菱丽阳公司在MMA及其下游两个市场均有业务、交易完成后、凭借在上游MMA市场取得的支配地位、合并后三菱丽阳公司有能力对其下游竞争者产生封锁效应。

六、附加限制性条件的商谈。

为了减少审查中发现的不利影响、商务部与集中双方就附加限制性条件进行了商谈。商谈中、商务部就审查中发现的问题、要求集中双方提出可行解决方案。集中双方对商务部提出的问题表述了自己的看法、并先后提出了初步解决方案及其修改方案。经过评估、商务部认为集中双方针对影响竞争问题提出的救济方案、可以减少此项集中产生的不利影响。

七、审查决定。

鉴于上述原因、根据《反垄断法》第二十八条和第二十九条、商务部认为、此项经营者集中具有排除、限制竞争效果、将对中国MMA市场及其下游市场有效竞争产生不利影响。鉴于在规定的时间内、集中双方提出了足以消除不利影响的解决方案、商务部决定接受集中双方所做承诺、附加限制性条件批准此项经营者集中、具体条件如下：

수평적 측면에서 볼 때, 본건 사업자집중은 중국 MMA 시장의 유효한 경쟁 구조에 부정적 영향을 낳을 가능성이 매우 크다. 쌍방이 합병한 후의 시장점유율이 64%에 달하여 2위 업체인 길림석화나 3위 업체인 흑룡강 용신에 비해 훨씬 높다. MMA 시장에서의 지배적 지위에 기하여 합병 후의 미쯔비씨레이온사는 중국 MMA 시장에서 경쟁자를 배제하거나 제한할 수 있는 능력을 보유하게 된다.

수직적 측면에서 볼 때, 미쯔비씨레이온사는 MMA 시장과 및 그 하위시장 모두에서 업무를 수행하고 있는바, 사업자집중이 완성되는 경우 상위 MMA 시장에서의 지배적 지위에 기하여 합병 후의 미쯔비씨레이온사는 기타 하위시장 경쟁자들에 대해 봉쇄효과를 낳을 수 있는 능력을 보유하게 된다.

6. 제한성 조건부 상담

상무부는 심사중 드러난 불리한 영향을 줄이기 위해 집중 쌍방과 제한성 조건부 상담을 진행하였다. 상무부는 상담 과정에서 심사 중 드러난 문제에 대한 해결방안을 제출할 것을 집중 쌍방에게 요구하였다. 집중 쌍방은 상무부가 제기한 문제에 대하여 자신들의 견해를 표명하였고 초보적인 해결방안 및 기타 개선방안을 제출하였다. 상무부는 이에 대한 평가를 거쳐 집중 쌍방이 제출한 구제방안이 본 집중으로 인하여 경쟁에 발생할 수 있는 불리한 영향을 줄일 수 있다고 판단하였다.

7. 심사 결정

위와 같은 원인으로 인하여 반독점법 제28조와 제29에 근거하여 상무부는 본건 사업자집중이 경쟁을 배제, 제한하는 효과를 가지고 있으며 중국 MMA 시장 및 그 하위시장의 유효한 경쟁에 불리한 영향을 낳을 수 있다고 판단하였다. 본 규정이 정한 시간 내에 집중 쌍방은 불리한 영향을 제거할 수 있는 해결방안을 제시하였고, 상무부는 집중 쌍방이 약속한 내용을 받아들여 제한성 조건을 부가하여 본건 사업자집중을 승인하기로 결정하였다. 구체적인 조건은 다음과 같다.

（一）产能剥离

璐彩特国际(中国)化工有限公司(简称璐彩特中国公司)将其年产能中的50%剥离出来、一次性出售给一家或多家非关联的第三方购买人(“第三方购买人”)、剥离的期间为五年。第三方购买人将有权在五年内以生产成本和管理成本(即成本价格、不附加任何利润)购买璐彩特中国公司生产的MMA产品、该成本价由独立审计师作年度核实。

如果在剥离期限内产能剥离未能完成、集中双方同意商务部有权指派独立的受托人将璐彩特中国公司的100%股权出售给独立第三方(“全部剥离”)。

剥离应在拟议交易完成后的六个月内完成。如果璐彩特公司有合理理由提出延期申请、商务部有权将以上期限延长六个月(“剥离期限”)。

（二）独立运营璐彩特中国公司直至完成产能剥离

在自拟议交易完成至完成产能剥离或完成全部剥离期间内(“独立运营期”)、璐彩特中国公司与三菱丽阳公司在中国的MMA单体业务将独立运营、分别拥有各自的管理层和董事会成员。

在独立运营期内、集中双方将继续在相互竞争的基础上分别在中国销售MMA、两家公司不得相互交换有关中国市场的定价、客户及其他竞争性信息。

独立运营期内、集中双方违反承诺发生重大违反行为、应支付总金额介于人民币25万元和人民币50万元之间的罚款、具体金额由商务部根据相关重大违反行为的性质及其对中国市场竞争的影响决定。

（三）未来五年不再收购也不再建新厂

未经商务部事先批准、合并后三菱丽阳公司在拟议交易交割后五年内不得从事下列行为：

(1) 생산능력 감축

루사이트는 연간 생산능력의 50%를 감축하여 동사 및 미쯔비씨레이온과 관련이 없는 1인 또는 다수의 '제삼구매자'에게 매각하여야 하며, 감축기간은 향후 5년간이다.

'제삼구매자'는 5년간 루사이트가 생산한 MMA를 생산원가와 관리원가(즉, 원가로서 어떠한 이윤도 붙이지 않는다)에 살 수 있는 권리를 지니고, 그 원가는 독립된 회계 검사관이 매년 확인한다.

만약 감축기한 내에 생산능력 감축이 이루어지지 않을 경우 사업자집중의 양 당사자는 상무부가 지정한 독립된 수탁인이 루사이트의 지분 100%를 제삼자에게 매각하는데 동의한다.('전부 감축')

감축은 합병 후 6개월 이내에 완성되어야 한다. 만약 루사이트가 합리적인 이유를 들어 기간연장을 신청할 경우, 상무부는 6개월을 연장할 있는 권리를 가진다.('감축기한')

(2) 생산능력 감축시까지 루사이트의 독립적 운영

합병 후 생산능력 감축이 완성되거나 생산능력이 전부 감축될 때까지('독립운영기') 루사이트와 미쯔비씨레이온사는 중국 MMA 개체 업무 수행에 있어 독립적으로 운영하고 각자의 관리계층과 동 사회 성원을 분리 보유한다.

독립운영기간 중 집중 쌍방은 상호 경쟁의 기초 아래 중국에서 각자 MMA를 판매하고, 두 회사는 상호 중국시장의 정가, 고객 및 기타 경쟁과 관련이 있는 정보를 교환할 수 없다.

독립운영기간 중 위 두 회사가 본 공고문의 내용에 따라 승낙한 조건들을 중대하게 위반한 경우 25만 위안에서 50만 위안 사이의 벌금을 납부하여야 하고, 구체적인 액수는 상무부가 중대한 위반의 성질 및 중국시장경쟁에 미치는 영향에 근거하여 결정한다.

(3) 5년 내 회사인수 또는 신공장 설립 금지

합병 후의 미쯔비씨레이온사는 상무부의 사전 승인을 받지 아니하고는 합병 후 5년간 다음과 같은 행위를 할 수 없다.

1、在中国收购MMA单体、PMMA聚合物或铸塑板生产商。
2、在中国新建生产MMA单体、PMMA聚合物或铸塑板的工厂。

本决定自公告之日起生效。

中华人民共和国商务部
二〇〇九年四月二十五日

가. 중국에서 MMA 개체, PMMA(폴리메타크릴산 메틸) 중합물 또는 그 거푸집 생산회사를 인수하는 행위
나. 중국에서 MMA 개체, PMMA 중합물 또는 그 거푸집 공장을 새로 설립하는 행위

본 결정은 공고일로부터 효력이 발생한다.

중화인민공화국 상무부
2009년 4월 25일

찾아보기

ㅅ

ㅇ

ㅊ

ㅋ

ㅌ

ㅍ

저자 약력

서울대학교 법과대학 졸업(1999)
북경화공대학 연수(1998)
한국해양대학교 항만물류 최고경영자과정 수료(2007)
상해 화동정법대학 연수(2008)

제39회 사법시험 합격(1997)
제30기 사법연수원 수료(2001)

전, 검사 (부산지방검찰청, 의정부지방검찰청 고양지청 등)
현, 법무법인 세종 변호사(2009~)

중국 반독점법

2009년 6월 20일 초판 인쇄
2009년 6월 25일 초판 1쇄발행

저 자 김 도 현
발행인 배 효 선
발행처 도서출판 法 文 社
413-756 경기도 파주시 교하읍 문발리 526-3
등 록 1957년 12월 12일 제 2-76호 (윤)
전화 031-955-6500~6, 팩스 031-955-6500
e-mail(영업) : bms @ bobmunsa. co. kr
(편집) : edit66 @ bobmunsa. co. kr
홈페이지 http : // www. bobmunsa. co. kr
조 판 대 경 문 화 사

정가 20,000 원
ISBN 978-89-18-01598-9